体育场地简易测画法

练碧贞　编著

人民体育出版社

编委会成员

主　编　练碧贞

编　委　唐文慧　黄坚毅　胡晓飞
　　　　沈信生　周玉斌　童杨华
　　　　束景丹　钱跃飞　冉一鸣
　　　　董　芮　王晓亮　王　骁

电脑绘图　宋国忠　侯　敏　张富成

前　言

《体育场地简易测画法》一书，由人民体育出版社于2000年正式出版。时过境迁，当前书中有相当部分的内容发生了改变。为此，再次请原作者团队对本书进行改写后重新出版，以确保书中内容的严谨性。

体育活动离不开体育场地。正式体育比赛的场地测画有一定难度，因为它涉及许多复杂的原理、公式和计算。

本书所提供的场地测画方法，是为基层开展体育竞赛活动、学校体育教学和广大体育爱好者健身、娱乐而设计。为此，本书尽量做到实用、简便、易行。如书中田径场300米、200米跑道的设计，是作者的独创，尤其适合于体育场地不宽裕的学校使用。

由于本书的测画法还属于一种简易的方法，所以举行正规比赛，还需租用体育部门的专业场地。

本书得到了建筑工程学院科研基金的支持，谨表示衷心感谢。

主编者
2016 年 8 月

目 录

篮球场 …………………………………………（ 1 ）
排球场 …………………………………………（ 11 ）
沙滩排球场 ……………………………………（ 19 ）
足球场 …………………………………………（ 21 ）
五人制足球场 …………………………………（ 31 ）
小足球场 ………………………………………（ 37 ）
羽毛球场 ………………………………………（ 45 ）
网球场 …………………………………………（ 53 ）
短式网球场 ……………………………………（ 63 ）
手球场 …………………………………………（ 71 ）
毽球场 …………………………………………（ 81 ）
藤球场 …………………………………………（ 87 ）
英式橄榄球场 …………………………………（ 93 ）
美式橄榄球场 …………………………………（101）
曲棍球场 ………………………………………（109）
门球场 …………………………………………（117）
地掷球场 ………………………………………（127）
棒球场 …………………………………………（135）
垒球场 …………………………………………（145）
三门球场 ………………………………………（153）

田径场 ································· (161)
　　400 米跑道 ························· (163)
　　300 米跑道 ························· (182)
　　200 米跑道 ························· (200)
　　跳高场地 ··························· (214)
　　跳远、三级跳远场地 ················· (215)
　　铅球场地 ··························· (216)
　　铁饼场地 ··························· (219)
　　标枪场地 ··························· (220)
冰球场 ································· (223)

篮球场

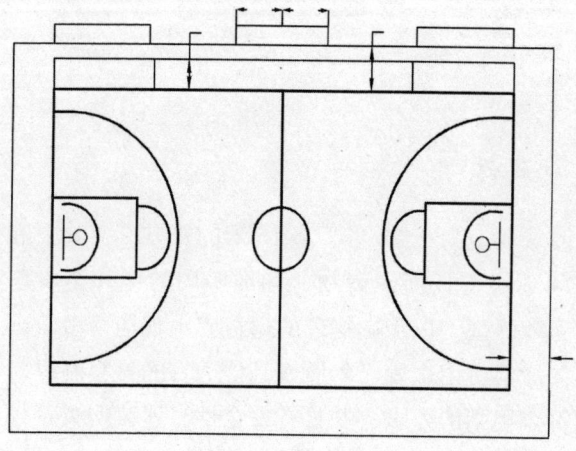

体育场地简易测画法

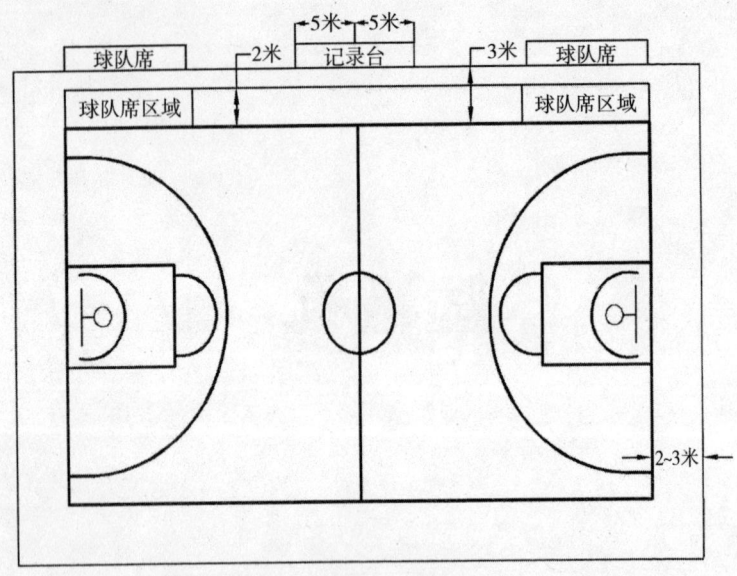

必备条件

●篮球场地为长28米、宽15米的长方形,其上方7米以内的空间不得有任何障碍物,场地四周的线外至少应有2~3米宽的无障碍区,以免影响球的运行或出现伤害事故。

●篮球架可由金属、木质或其他适宜的材料制成。为保证篮球架符合规则的要求,并具有安全性,建议购买正规厂家生产的篮球架。

●土质、水泥、沥青、塑胶和木质地面均可,要求平整、坚实。

篮球场

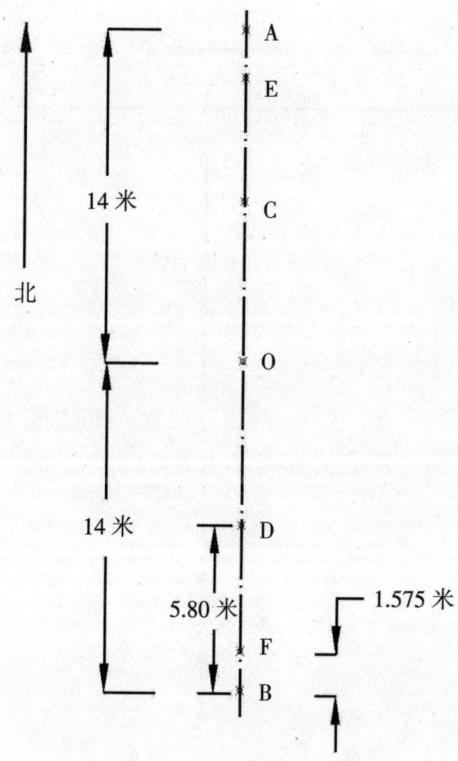

画线痕

●纵轴线：用一条长约 30 米的线绳，在空地中间沿较长（最好是南北）方向拉直，固定在地上即可。

●首先确定纵轴线的中点为 O 点，然后依次确定 A、B、C、D、E、F 六点。具体数据如下：

OA=OB=14 米；AC=BD=5.80 米；AE=BF=1.575 米。

体育场地简易测画法

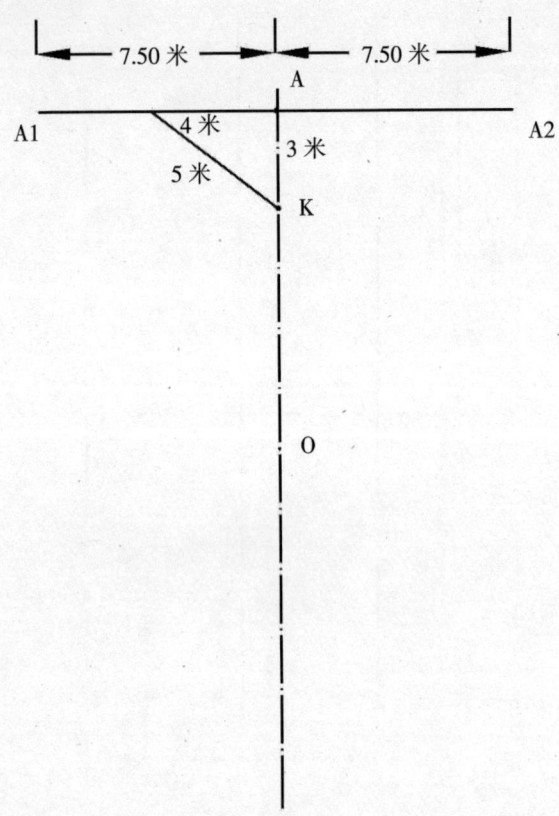

● 端线：从 A 点向 O 点方向量 3 米得 K 点，以 K 点为圆心，以 5 米为半径，在 A 点的两侧画弧；再以 A 点为圆心，以 4 米为半径分别在 A 点两侧画弧，与前两弧相交，画直线连接两交点并向两侧延长 8 米左右。从 A 点向两侧各量 7.50 米，分别得 A1、A2 两点，线段 A1A2 则为篮球场的端线。

● 另一端线画法相同。

篮球场

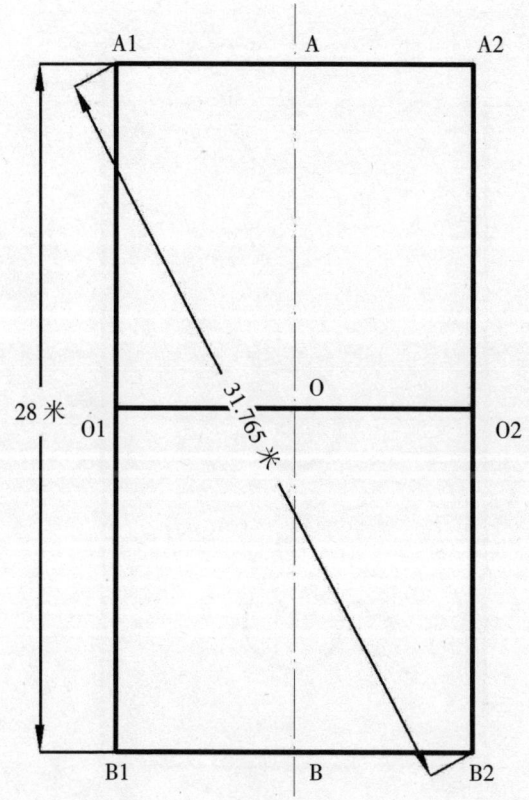

- 边线：连接 A1B1 和 A2B2 即可，A1B1=A2B2=28 米。
- 中线：分别取 A1B1 和 A2B2 的中点，得 O1、O2 两点，连接 O1O2 即可。A1O1=A2O2=O1B1=O2B2=14 米。
- 中线应向两边线外各延长 15 厘米。
- 检验方法：A1B2=A2B1=31.765 米。

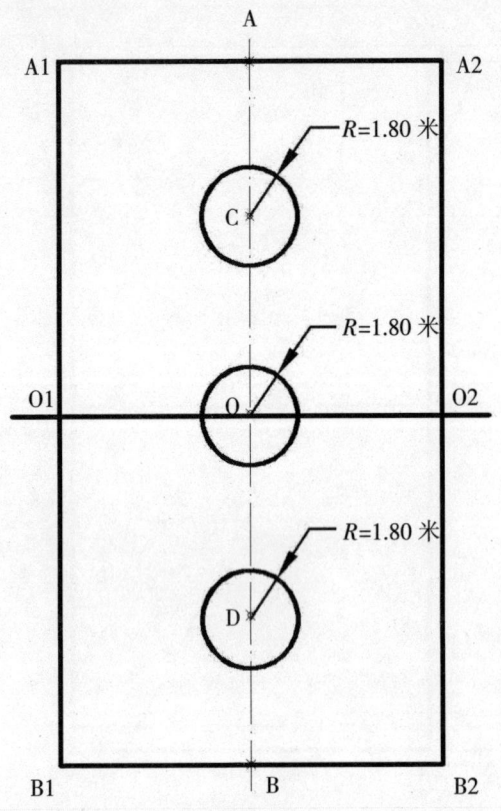

●分别以 C、O、D 点为圆心，以 1.80 米为半径画圆，分别得圆 O、圆 C、圆 D。

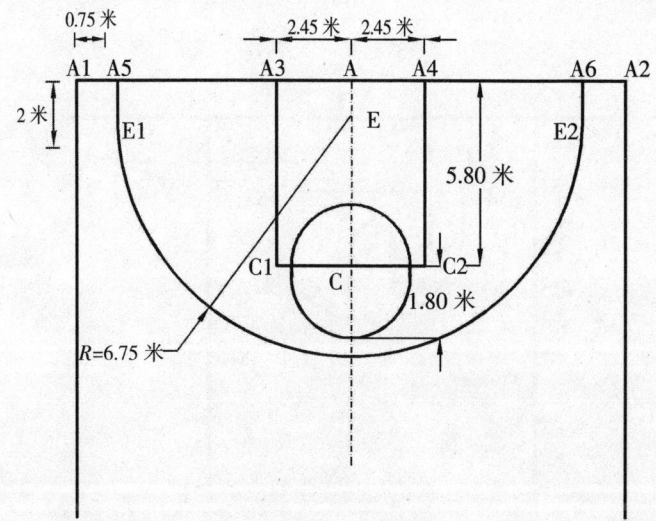

- 限制线：从 A 点沿端线向两侧各量 2.45 米，分别得到 A3、A4 点，再分别从 A3、A4 两点以 5.80 米的长度画直线得到 C1、C2 两点，便可得到限制线 A3C1、A4C2。
- 罚球线：连接 C1、C2，线段 C1C2 为罚球线。要求 C1C2 过 C 点。
- 另一侧限制线和罚球线、禁区画法相同。
- 三分线弧：以 E 点为圆心，以 6.75 米为半径，在场内画半圆。
- 三分线直线：分别从 A1、A2 两点沿端线向 A 点方向量 0.75 米，得 A5、A6 点，从 A5、A6 点分别画直线与 E 圆相切于 E1、E2 点，连接 A5E1、A6E2 即可。直线 A5E1、A6E2 与半圆 E 合称为三分线。
- 检验方法：A5E1=A6E2=2 米。
- 另一侧三分线画法相同。
- 取下纵轴线绳。

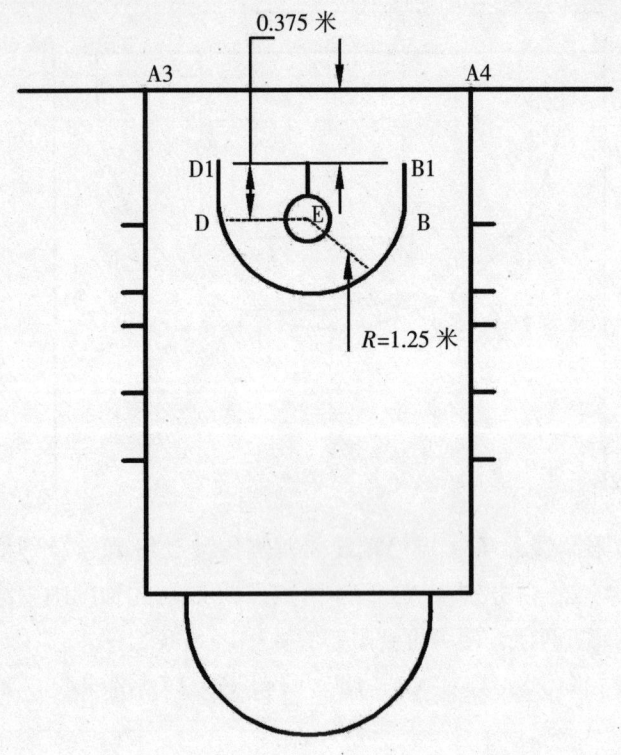

●合理冲撞区：以篮圈中心 E 点为圆心，1.25 米为半径画圆弧，与 E 点左右延长线交于 D、B 点，分别从 D、B 点向篮板投影画线段 DD1=BB1=0.375 米。

篮球场

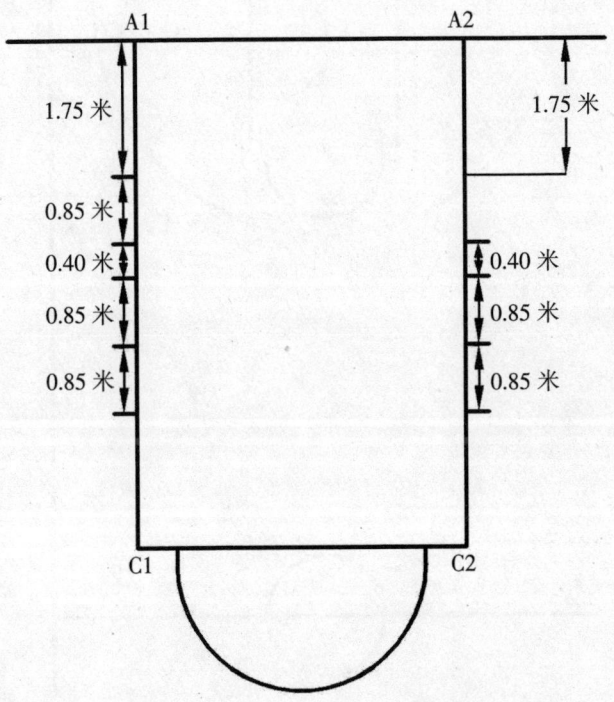

●限制区位置线：从 A1、A2 点垂直向场内画 1.75 米线段；再以间隔依次为 0.85 米、0.40 米、0.85 米、0.85 米的距离，向场内画同样的分位线，便可依次得到：第一位置区、中立区、第二位置区和第三位置区。用同样的方法可画出另一侧的限制区位置线。

●另一半场画法相同。

画实线（5厘米宽）

● 边线、端线：沿线痕画在场地外侧。

● 中线：骑线痕画，两边各 2.50 厘米。

● 三分线、三圆圈：沿线痕画在弧内，C 圆和 D 圆靠端线的半圆画虚线（线段长 35 厘米，间隔 40 厘米）。

● 禁区：沿线痕画在场区内。

排球场

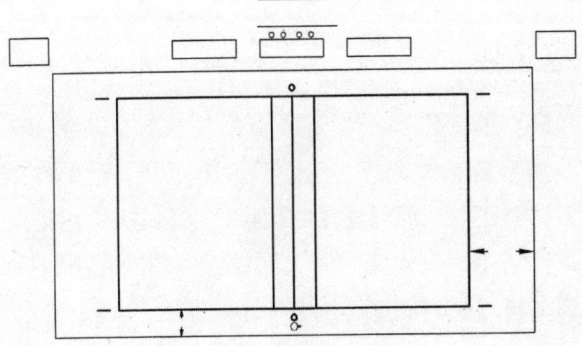

体育场地简易测画法

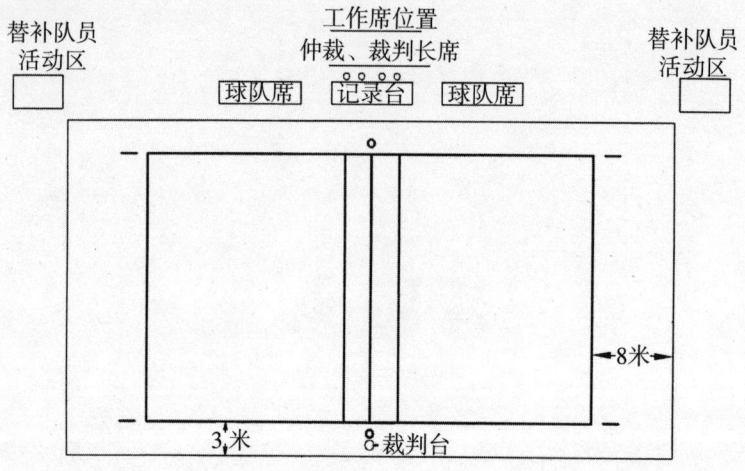

必备条件

●排球场地为长18米、宽9米的长方形。端线外至少有8米、边线外至少有3米的无障碍区。地面以上至少有12.50米高的无障碍空间,从而保证球的运行,以及避免出现伤害事故。

●排球场中间有一张球网,网柱应为两根光滑圆柱,一般由金属或木材等材料制成。网宽1米,长9.50米,球网两端垂直于边线和中线的交界线各有5厘米的标志线,在其外侧各连接一根长1.80米的标志杆。网柱固定在边线中点外0.50~1米的地方,禁止使用拉链固定网柱,以免发生危险。为保证器材符合规则的要求并具有安全性,建议购买正规厂家生产的产品。

●土质、木质或合成物质的地面均可,但必须成水平面,不能有明显的粗糙或湿滑的现象存在。

●网高:男子为2.43米、女子为2.24米。

排球场

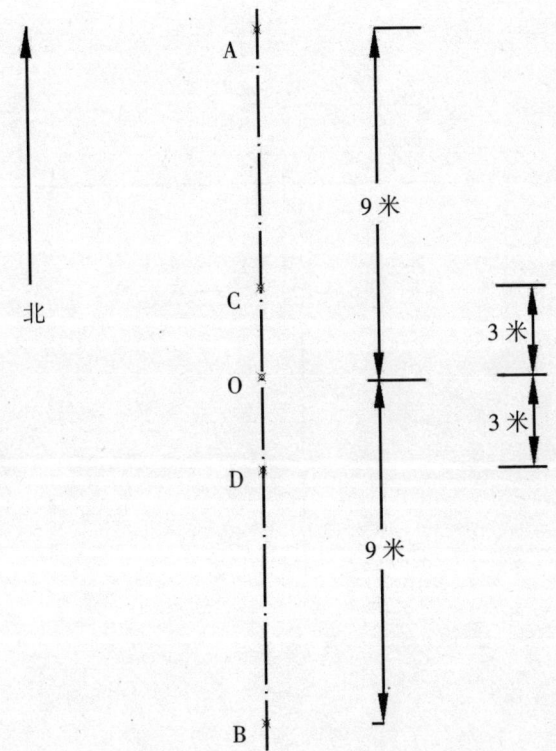

画线痕

● 纵轴线：用一条长约 20 米的线绳，在空地中间沿较长（最好是南北）方向拉直，固定在地上即可。

● 首先确定纵轴线中点为 O 点，然后依次确定 A、B、C、D 四点。具体数据如下：OA=OB=9 米；OC=OD=3 米。

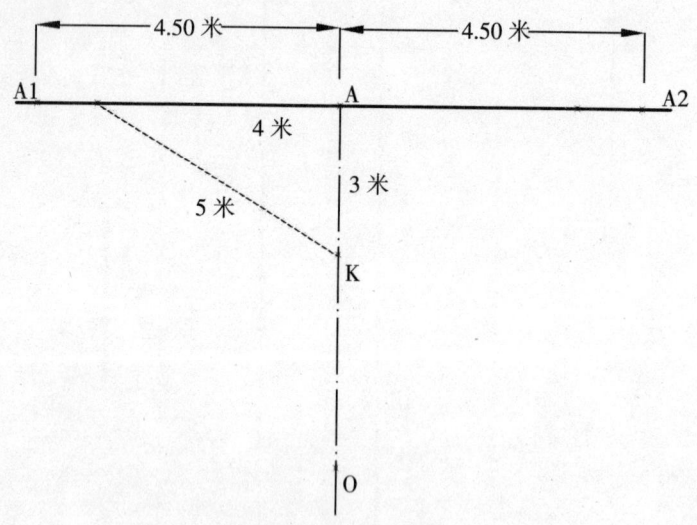

● 端线：从 A 点向 O 点量 3 米得 K 点，以 K 点为圆心，以 5 米为半径在 A 点的两侧画弧；再以 A 点为圆心，以 4 米为半径，分别在 A 点两侧画弧与前两弧相交，画直线连接两交点并各向两侧延长 4.50 米，分别得 A1、A2 两点，线段 A1A2 为排球场的端线。

● 另一端线画法相同。

排球场

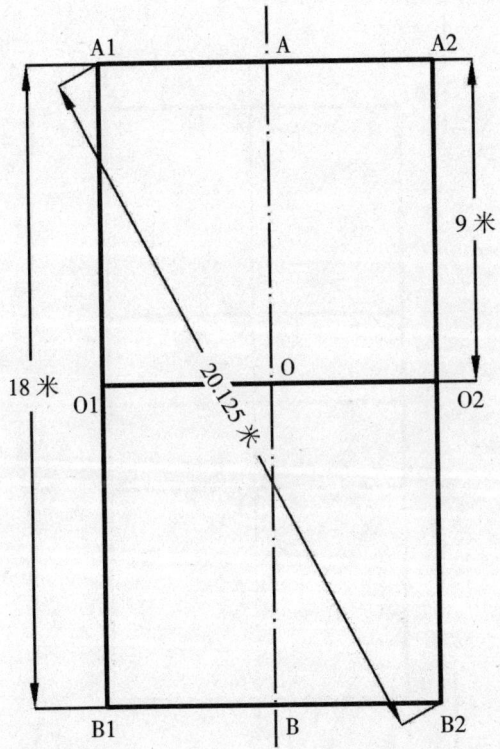

● 边线：连接 A1B1 和 A2B2，可得到排球场的两边线。A1B1=A2B2=18 米。

● 检验方法：量对角线，A1B2=A2B1=20.125 米。

● 中线：分别取 A1B1 和 A2B2 的中点 O1、O2，连接即可。A1O1=O1B1=A2O2=O2B2=9 米。

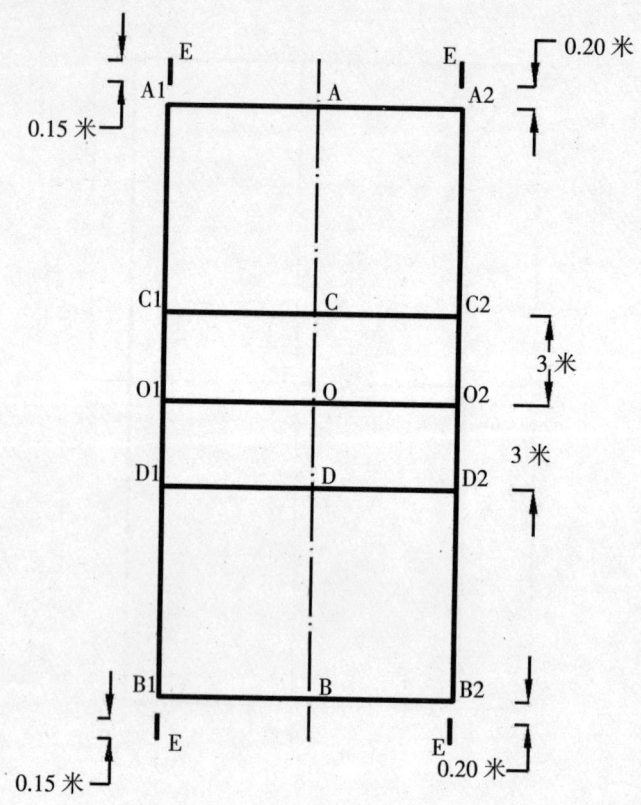

●进攻线：分别从 O1、O2 点沿边线向 A1、A2 点量 3 米，得 C1、C2 点，连接 C1 和 C2 即可。

●另一侧画法相同。

●发球区：在 A1B1、A2B2 的延长线上，距端线 20 厘米处，各取 15 厘米的线段 E，两 E 线段之间及其后方的无障碍区域为发球区。

排球场

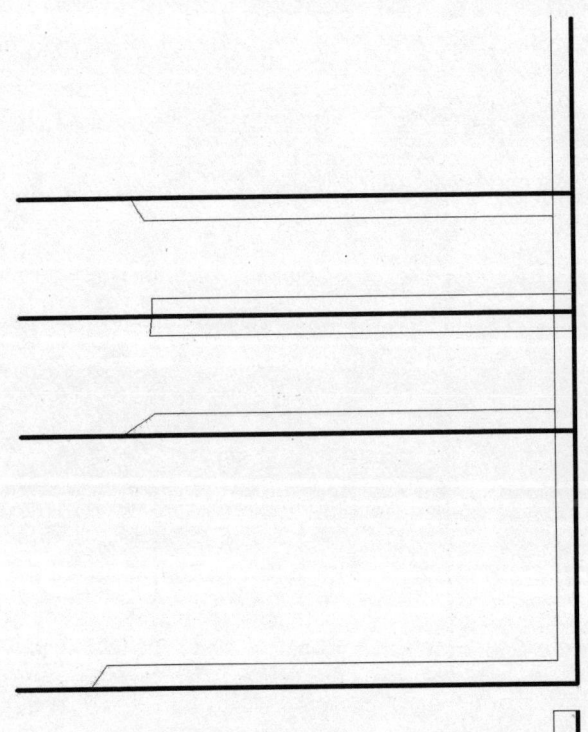

画实线（5厘米宽）

- 边线、端线、发球线：沿线痕画在场地内侧。
- 中线：骑线痕画，两边各 2.50 厘米。
- 进攻线：沿线痕画在进攻区内靠近中线一侧。

沙滩排球场

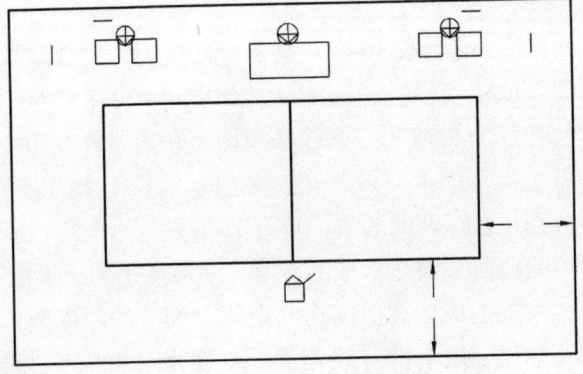

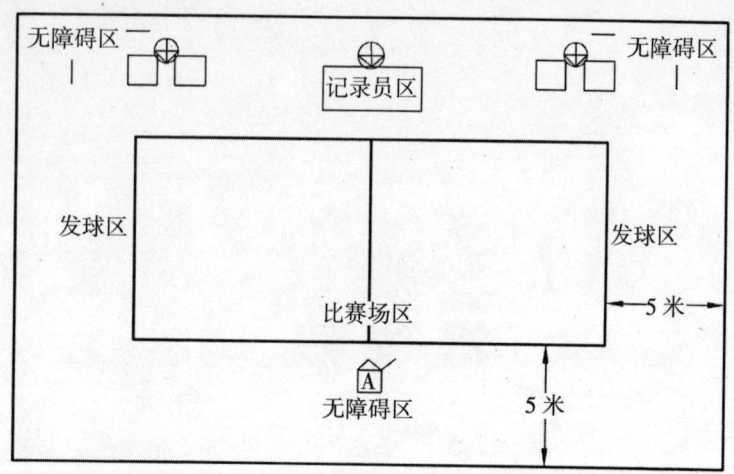

必备条件

● 沙滩排球场地为长 16 米、宽 8 米的长方形。无障碍场区，最小 5 米，最大 6 米。比赛场上空的无障碍空间至少高 12.50 米。

● 球网长度为 8.50 米，网柱必须固定在边线外 0.70~1 米同等距离的位置上。球网上有两条宽 5~8 厘米、长 1 米的彩色带子为标志带，分别系在球网的两端，垂直于边线。

● 场地的地面必须是水平的沙滩，尽可能平坦，不能有石块、壳类及其他可能造成运动员损伤的杂物，细沙的深度至少应有 40 厘米。比赛场区上所有的界线宽为 5~8 厘米，界线与沙滩的颜色要有明显区别，一般要用 40~60 厘米厚的细沙。

画法

● 沙滩排球场地没有中线，也没有进攻线。
● 所有的界线应包含在场区内，宽为 5~8 厘米。
● 界线要用坚固宽布带，其颜色要与沙滩不同，最好为深蓝色。
● 网高同排球场。

足球场

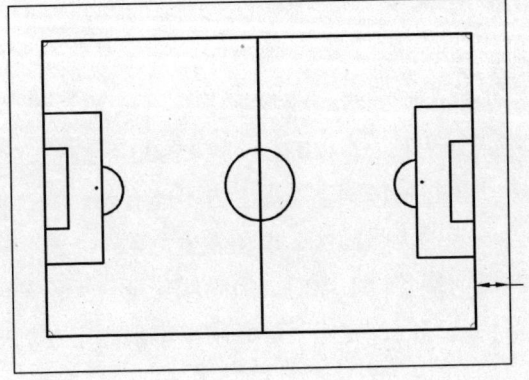

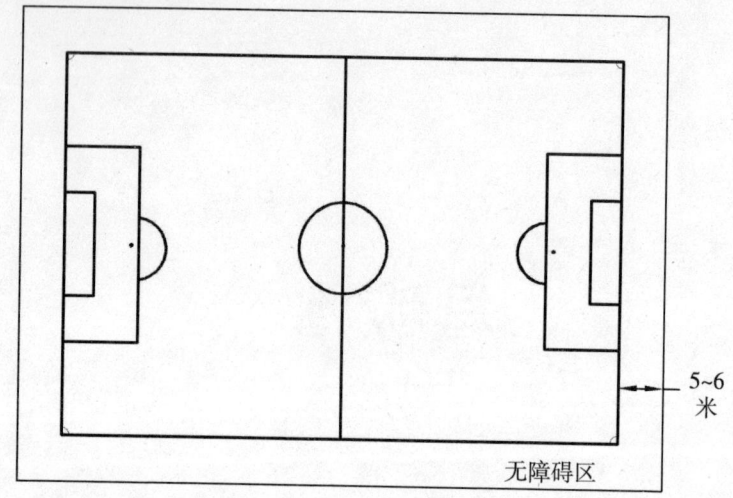

必备条件

●足球场地为长 90~120 米、宽 45~90 米的长方形，外面由 400 米专业田径场包围，场地上方不能有障碍物，场地周围至少应有 5~6 米的无障碍区，以免发生危险。

●足球场两端各设一球门，为确保安全，无论是可移动球门或是不可移动球门，使用时都必须牢牢地固定在场地的球门线上。

●足球场地有草坪、人造草坪和土质等几种。场地要求平整，土质软硬要适度，并要保持一定的潮湿度。场地上不应有明显的沙粒、土块、小石块及玻璃片等物。

●球门宽 7.32 米、高 2.44 米，从距每个球门柱内侧 5.5 米处，画两条垂直于球门线的线。这些线伸向足球比赛场地内 5.5 米，与一条平行于球门线的线相连接。

足球场

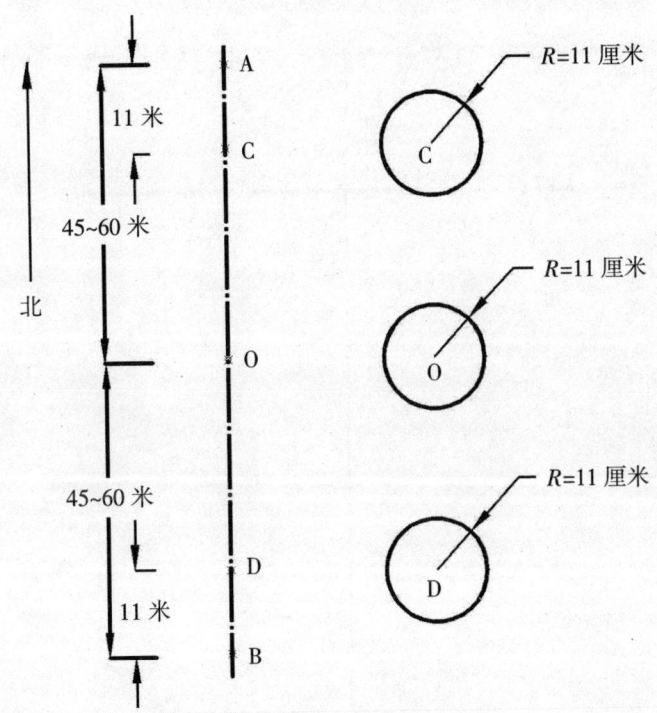

画线痕

●纵轴线：用一条长约 120 米的线绳，在空地中间沿较长（最好是南北）方向两头拉直，固定在地上即可。

●首先确定纵轴线中点为 O 点，然后依次确定 A、B、C、D 四点。具体数据如下：OA=OB=45~60 米（根据空地大小自定长度），AC=BD=11 米（将 O、D、C 三点以 0.11 米为半径画圆，O 圆为中点，D、C 圆为罚球点）。

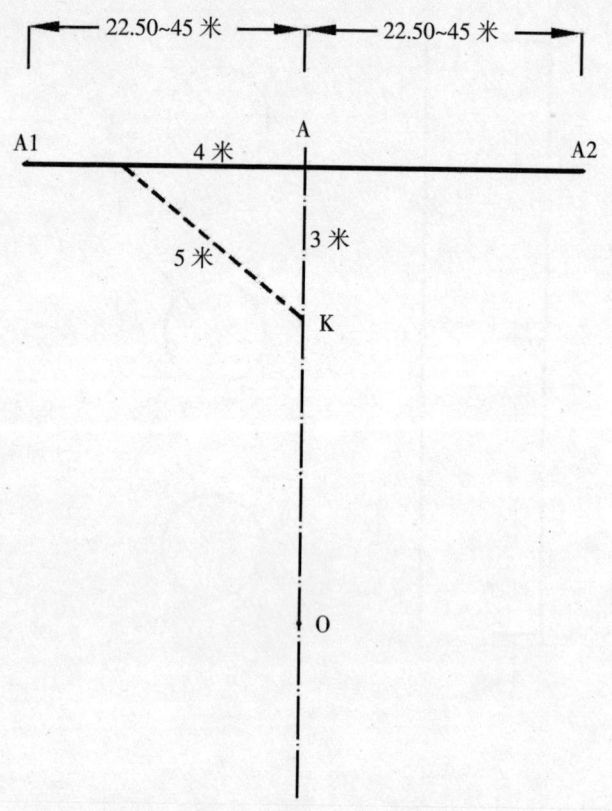

- 球门线：从 A 点向 O 点方向量 3 米得 K 点，以 K 点为圆心，以 5 米为半径在 A 点两侧画弧；再以 A 点为圆心，以 4 米为半径分别在 A 点两侧画弧与前两弧相交，画直线连接两交点并向两侧延长 22.50~45 米（根据空地大小自定长度），分别得 A1、A2 两点，线段 A1A2 为球门线，AA1=AA2=22.50~45 米。
- 另一端画法相同。

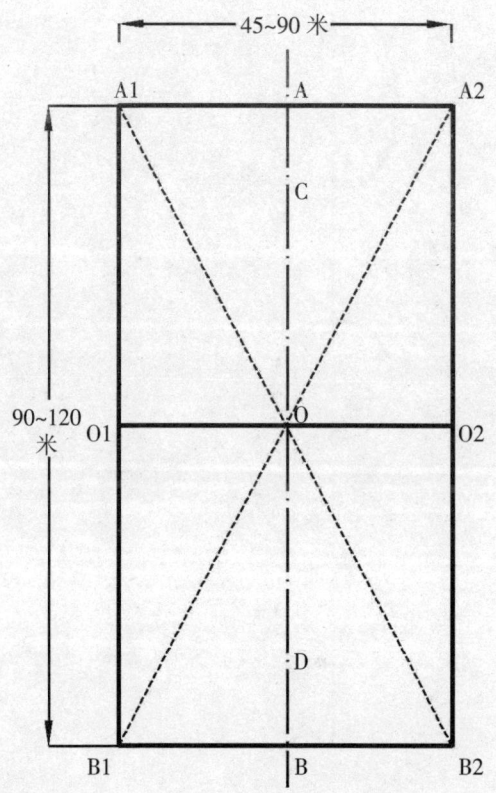

- 边线：连接 A1B1 和 A2B2 可得到足球场边线，A1B1=A2B2=90~120 米。
- 中线：分别取 A1B1 和 A2B2 的中点 O1、O2，连接即可。
- 检验方法：量对角线，A1B2=A2B1。

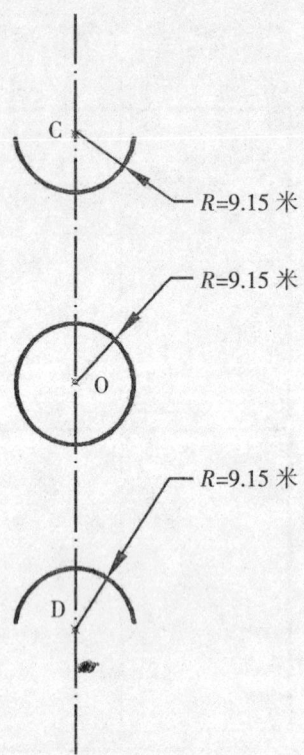

● 中圈：以 O 点为圆心，以 9.15 米为半径画圆，圆 O 为中圈。

● 罚球弧：分别以 C、D 为圆心，以 9.15 米为半径，以纵轴线为对称轴向 O 点画弧（不超过半圆）即可，弧 C、D 为罚球弧。

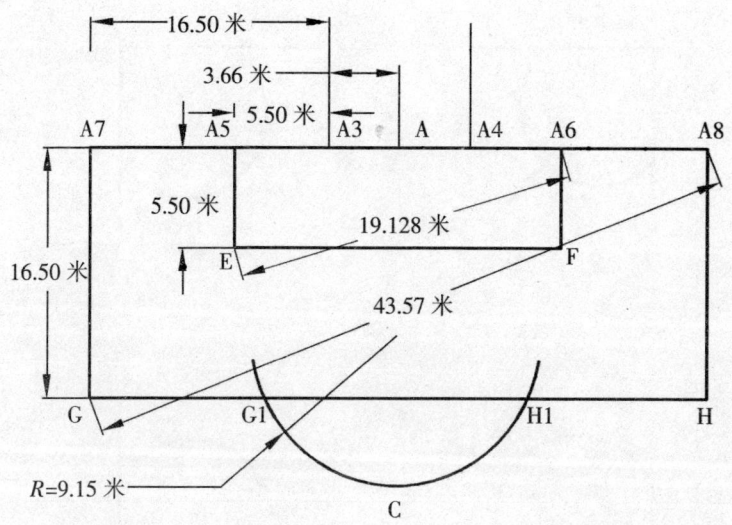

● 球门宽度：从 A 点两侧分别沿球门线量 3.66 米，得 A3、A4 点，A3A4 为球门宽度。

● 球门区：分别从 A3、A4 点沿球门线向边线量 5.50 米，得 A5、A6 点；再分别以 A5、A6 为圆心，以 5.50 米为半径，向场内画弧，再在场内画一直线分别与两弧相切于 E、F 两点；连接 A5E 和 A6F 即可。

● 检验方法：量对角线，A5F=A6E=19.128 米。

● 罚球区、罚球弧：A3A7=A4A8=16.50 米，分别以 A7、A8 为圆心，以 16.50 米为半径，向场内画弧，再在场内画一直线分别与两弧相切于 G、H 两点；连接 A7G 和 A8H 即可；弧 C 中的 G1H1 段则为罚球弧。

● 检验方法：量对角线，A7H=A8G=43.57 米。

● 场地另一端画法相同。

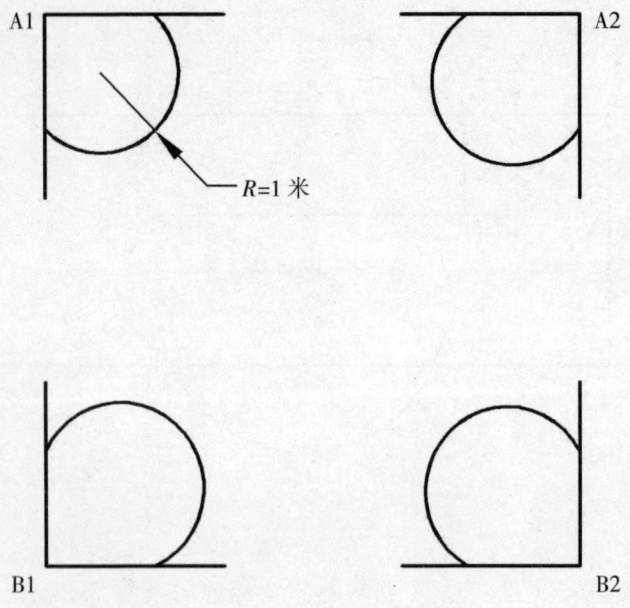

● 角球区：分别以 A1、A2、B1、B2 为圆心，以 1 米为半径向场内画弧并与边线和球门线相交，所得的弧线区域为角球区。

● 取下纵横线绳。

足球场

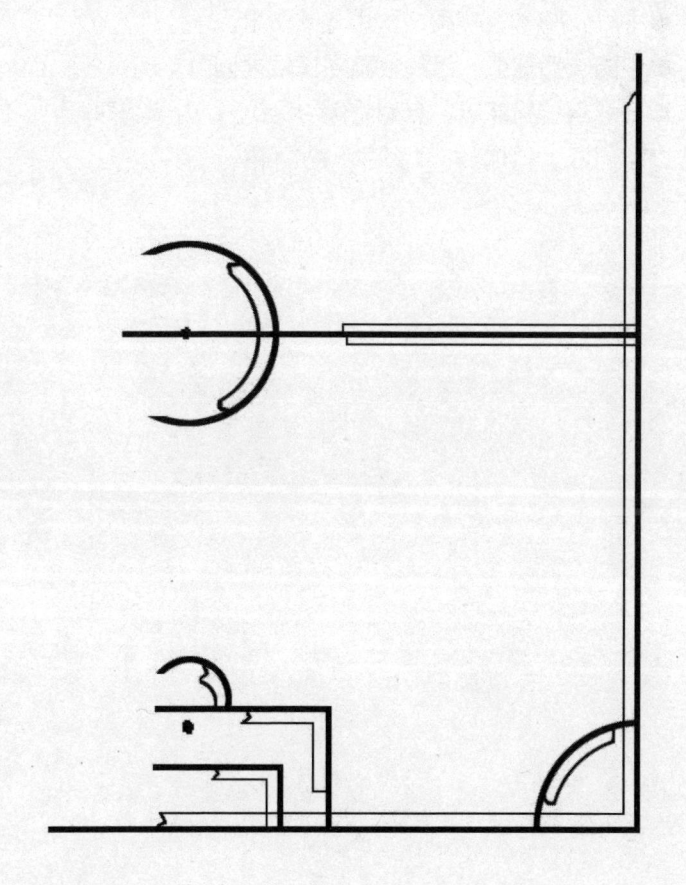

画实线（12厘米宽）

● 边线、球门线：沿线痕画在场地里面。
● 角球区：沿弧线画在弧内。

- 中线：骑着线痕画，两边各6厘米。
- 中圈、罚球弧：沿线痕画在区域内侧。
- 开球点、罚球点：分别将圆O、D、C内填满即可。
- 球门区、罚球区：沿线痕画在区内。

五人制足球场

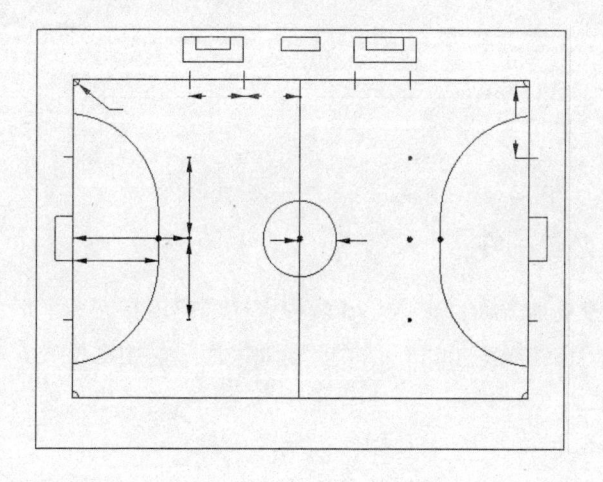

必备条件

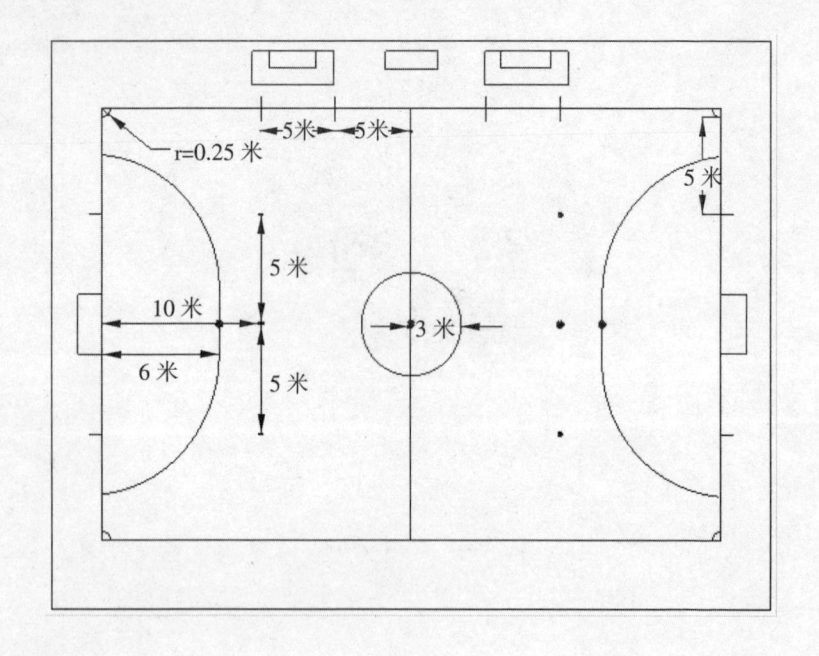

●场地表面：根据竞赛规程，比赛应该在表面平坦、光滑而不粗糙的场地上进行，并且场地表面最好用木材或人造材料制成。应避免使用混凝土或柏油表面。人造草皮场地只在特殊情况下允许使用，且仅限于国家队比赛。

●场地标记：比赛场地必须为长方形并且用线标明。这些画线属于其标示区域的一部分，并且必须明显区别于场地颜色。两条较长的边界线叫边线，两条较短的线叫球门线。比赛场地被中线划分为两个半场，中线与两条边线的中点相交。在中线的中点做一个中心标记,以其为圆心、3米为半径画一个圆圈。在比赛场地外,距离角球弧5米且垂直于球门线处做一个标记,以保证在踢角球时守方队员能遵守规定的距离。此标记线宽为8厘米。在距两个第二罚球点左右5米处的场地上必须标明另外两个标记,以保证在从第二罚球时队员退后的最小距离,此标记的宽度为8厘米。

●场地度量:边线的长度必须大于球门线的长度。所有画线的宽度必须为8厘米。非国际比赛中,长度(边线)最小25米,最大42米;宽度(球门线)最小16米,最大25米。国际比赛中,长度(边线)最小38米,最大42米;宽度(球门线)最小20米,最大25米。

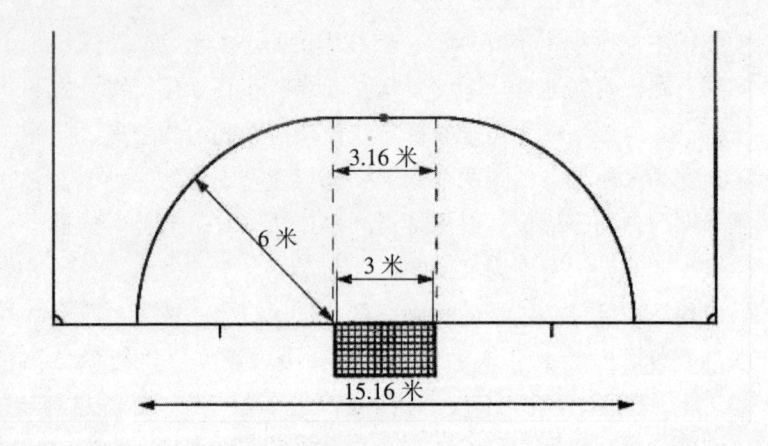

●罚球区：从两球门柱外沿并垂直于球门线向场内画两条长度为 6 米的假想线。在这条线的末端，以 6 米为半径从两球门柱的外沿朝最近的边线方向画一个四分之一圆。两个四分之一弧的上部与一段长 3.16 米的直线相连接，此直线与球门线平行。由这些线和球门线围成的区域，即为罚球区。在两个罚球区内，从两球门柱之间的中点，垂直于球门线向场内量 6 米标记一个罚球点，该罚球点与两球门柱等距。

●第二罚球点：从两球门柱之间的中点，垂直于球门线向场内量 10 米做一个标记，为第二罚球点。

●角球弧：在比赛场地内，以距每个角 25 厘米为半径画一个四分之一圆。

五人制足球场

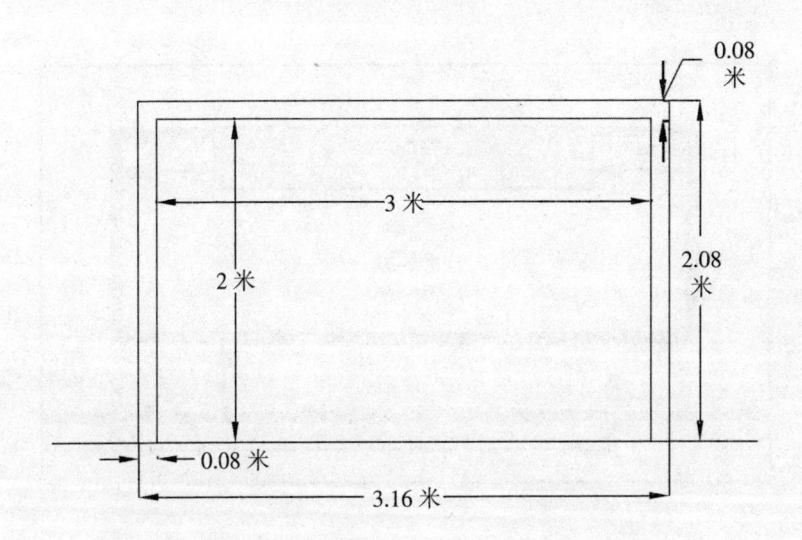

●球门：球门必须放置在每条球门线的中央。球门由两根等距于两个角且直竖的门柱并与其顶部的一水平横梁连接组成。球门柱和横梁必须为木制、金属或者其他被许可的材质制成。它们必须为方形、长方形、圆形或椭圆形并且不会危及运动员安全。

●两根球门柱（内侧）之间的距离为3米，从横梁的下沿至地面的距离为2米。两门柱和横梁的宽度与厚度相同，均为8厘米。球门网必须由大麻、黄麻、尼龙或其他被许可的材料制成，系在球门柱及横梁的后部，用适当的方式做支撑。球门网必须合理地被撑起来并不妨碍守门员。

●球门柱和横梁的颜色必须与比赛场地颜色不同。

●球门必须有固定系统以防止翻倒。可以使用移动球门，但仅在可满足以上要求的情况下使用。

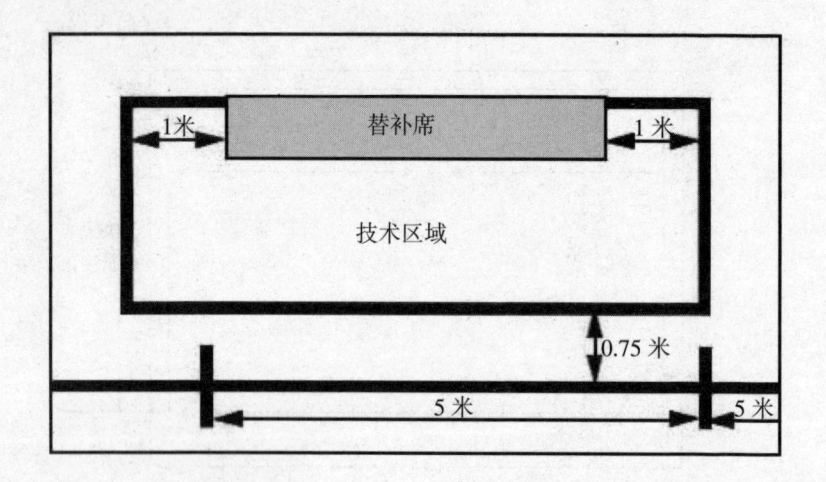

```
                    ┌─1米           替补席            1米─┐
                    │                                      │
                              技术区域
                                                  ↕ 0.75米
         ──────┐ ┌──────────────────────────┐ ┌──────
                              5米                    5米
```

●替换区：替换区设在双方比赛队替补席前面的边线外。两替换区分别位于技术区域前，长度为5米。由两条长80厘米、宽8厘米的直线标记，其中40厘米在场内、40厘米在场外。

●替换区位于计时台前距中线两侧各5米处，且保持畅通。

●球队的替补区位于该队半场防守一侧，在比赛下半场或加时赛下半场必须交换。

小足球场

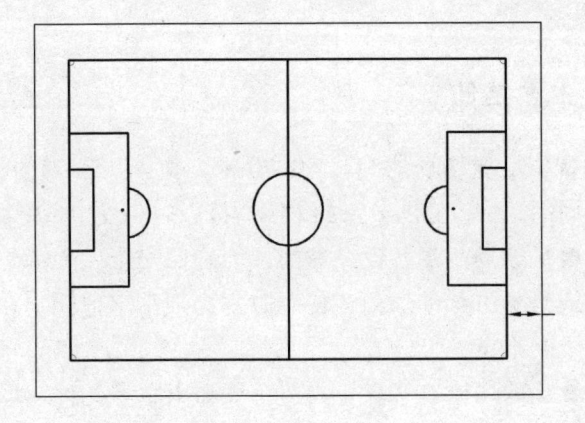

必备条件

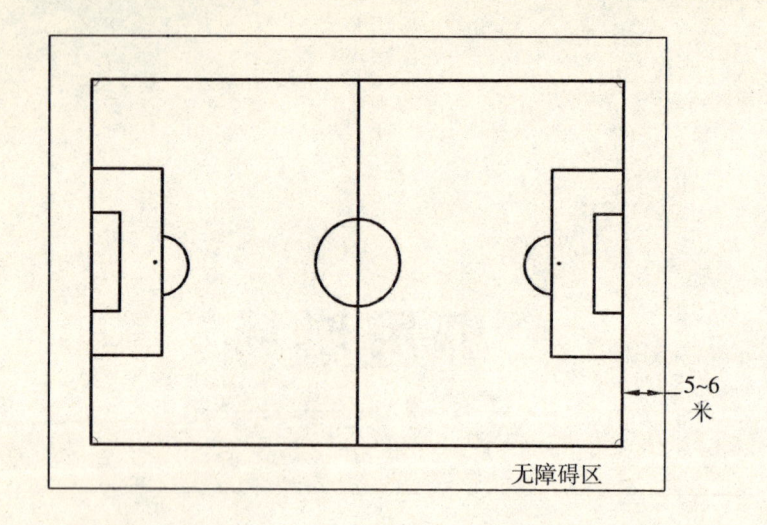

● 小足球场场地为长 60~70 米、宽 45~50 米的长方形，场地周围至少应有 5~6 米的无障碍区，以免发生危险。

● 足球场两端各设一球门，为确保安全，无论是可移动球门或是不可移动球门，使用时都必须牢牢地固定在场地的球门线上。

● 足球场地有草坪、人造草坪和土质等几种。场地要求平整、土质软硬适度，并要保持一定的潮湿度。场地上不应有明显的沙粒、土块、小石块及玻璃片等物。

● 实线画法同足球场。

● 球门宽 5.50 米、高 2 米。

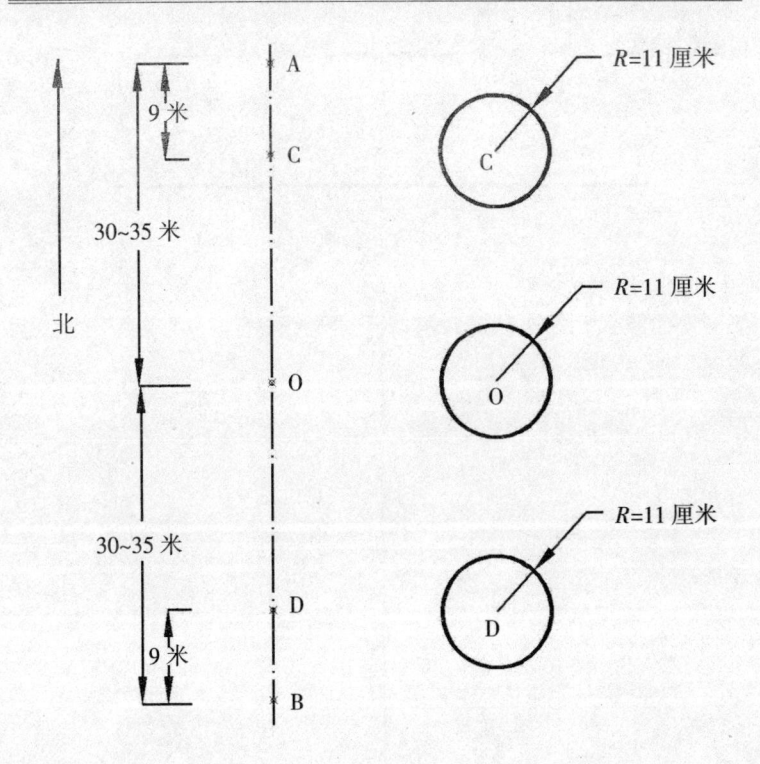

画线痕

●纵轴线：用一条长约 75 米的线绳，在空地中间沿较长（最好是南北）方向两头拉直，固定在地上即可。

●首先确定纵轴线中点为 O 点，然后依次确定 A、B、C、D 四点。具体数据如下：OA=OB=30~35 米（根据空地大小自定长度）；AC=BD=9 米。

●将 O、D、C 三点，以 0.11 米为半径画圆，圆 O 为中点，圆 D、C 为罚球点。

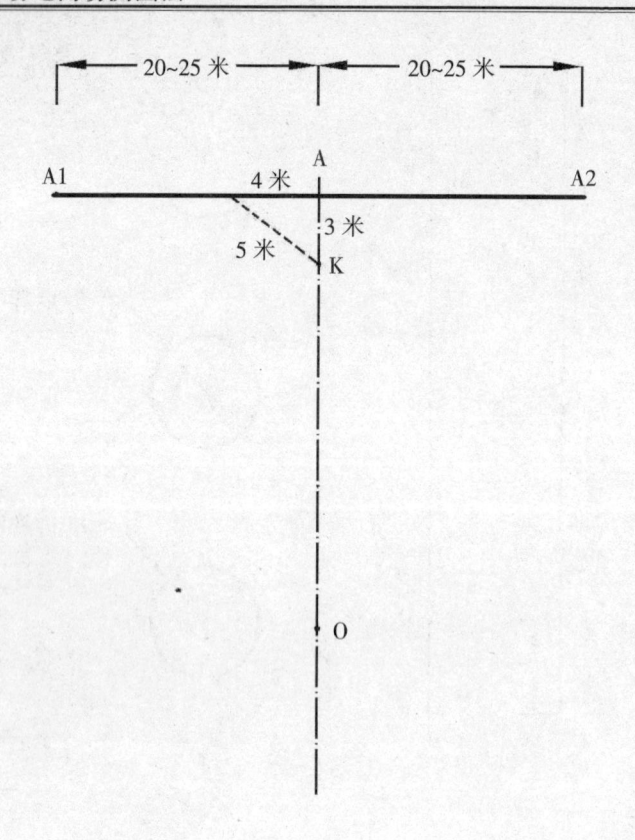

●球门线：从 A 点向 O 点方向量 3 米得 K 点，以 K 点为圆心，以 5 米为半径在 A 点两侧画弧；再以 A 点为圆心，以 4 米为半径分别在 A 点两侧画弧与前两弧相交，画直线连接两交点并向两侧延长 20~25 米（根据场地大小自定长度），分别得到 A1、A2 两点，线段 A1A2 为球门线，AA1=AA2= 20~25 米。

●另一端画法相同。

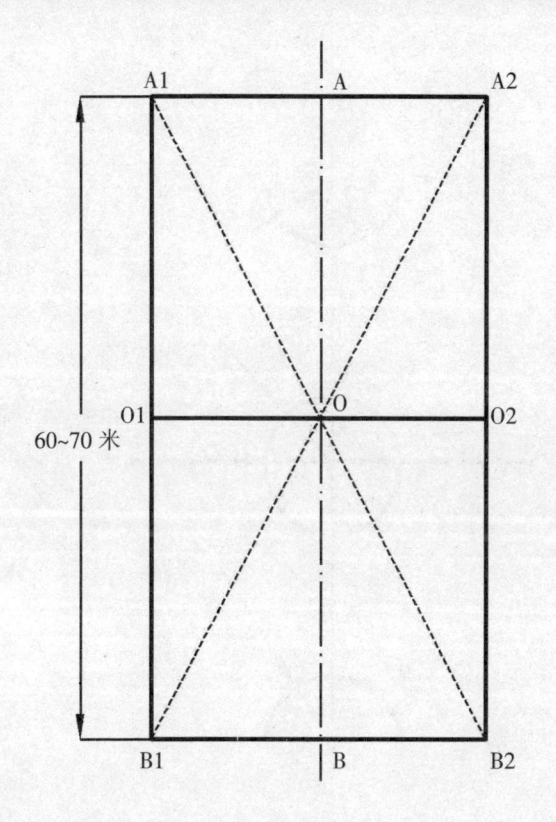

●边线：连接 A1B1 和 A2B2 可得到足球场边线，A1B1=A2B2=60~70 米。

●中线：分别取 A1B1 和 A2B2 的中点 O1、O2，连接即可。

●检验方法：量对角线，A1B2=A2B1。

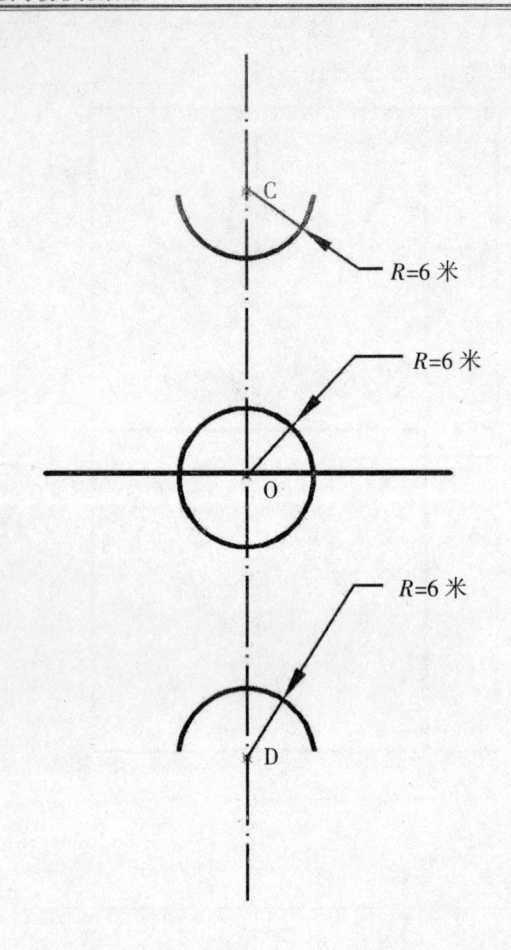

●中圈：以 O 点为圆心，以 6 米为半径画圆，圆 O 为中圈。

●罚球弧：分别以 C、D 点为圆心，以 6 米为半径，以纵轴线为对称轴向 O 点画弧（不超过半圆）即可，弧 C、D 为罚球弧。

小足球场

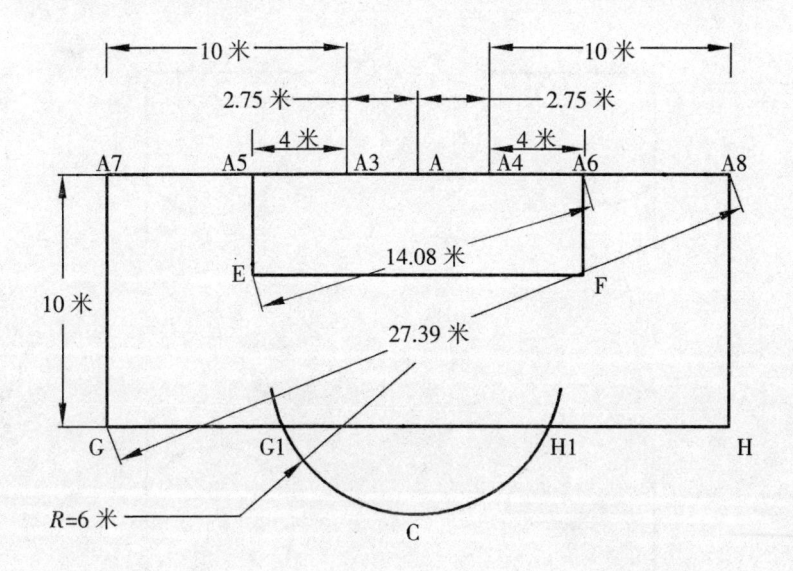

●球门宽度：从 A 点两侧分别沿球门线量 2.75 米，得 A3、A4 点，A3A4 为球门宽度。

●球门区：分别从 A3、A4 点沿球门线向边线量 4 米，得 A5、A6 点；再分别以 A5、A6 为圆心，以 4 米为半径，向场内画弧，再在场内画一直线分别与两弧相切于 E、F 两点；连接 A5E 和 A6E 即可。

●检验方法：量对角线，A5F=A6E=14.08 米。

●罚球区、罚球弧：A3A7=A4A8=10 米，分别以 A7、A8 为圆心，以 10 米为半径，向场内画弧，再在场内画一直线分别与两弧相切于 G、H 两点；连接 A7G 和 A8H 即可；弧 C 中的 G1H1 段则为罚球弧。

●检验方法：量对角线，A7H=A8G=27.39 米。

●场地另一端画法相同。

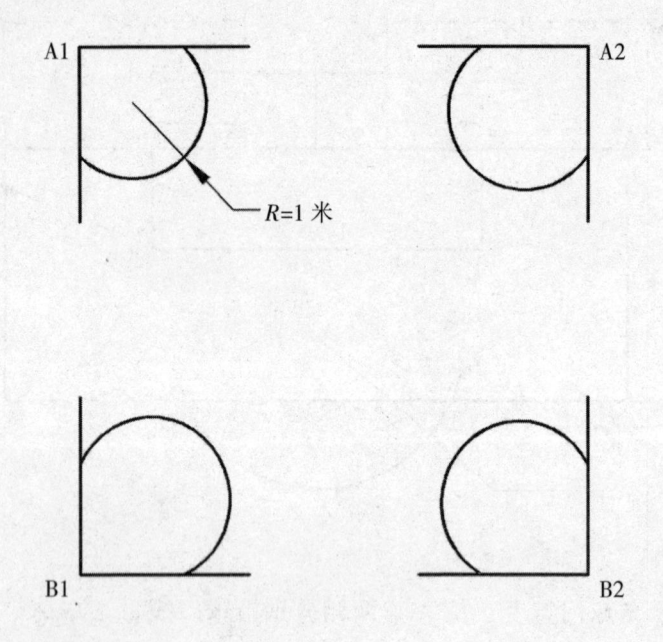

●角球区：分别以 A1、A2、B1、B2 为圆心，以 1 米为半径向场内画弧并与边线和球门线相交，所得的弧线区域为角球区。

●取下纵轴线绳。

羽毛球场

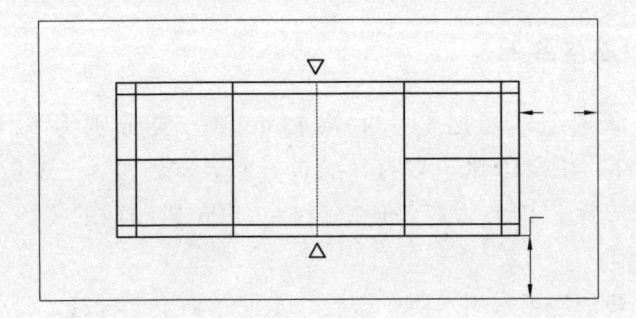

```
         ▽
┌──────────────┐
│   │   │   │   │  ←2米→
│   │   │   │   │
│ 无障碍区 △    │  ↕2米
└──────────────┘
```

必备条件

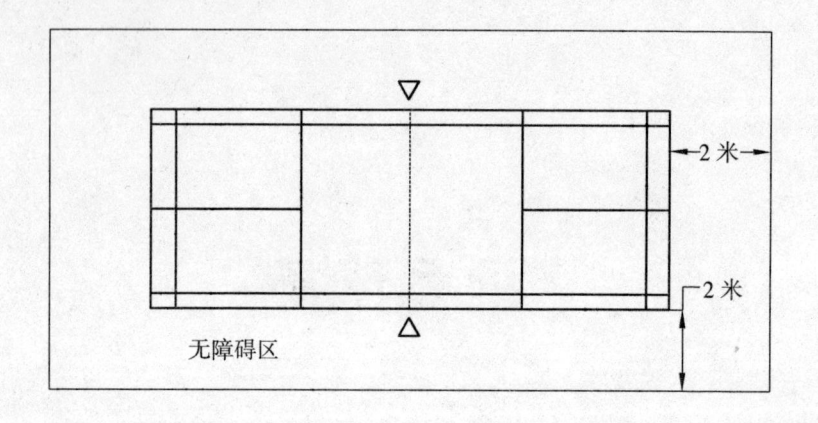

● 羽毛球场地是一个长 13.40 米、宽分别为 5.18 米（单打）和 6.10 米（双打）的长方形。球场四周 2 米以内、上空 9 米以内不得有任何障碍物，以免影响球的飞行和出现危险。

● 场地可采用木质、塑胶、水泥、粘土等材料，要求平整、坚实，以保证安全。

● 羽毛球网长 6.10 米，宽 76 厘米，为优质深色的天然或人造纤维制成。标准球网应为黄褐色或草绿色，网柱高 1.55 米。球网的两端必须与网柱系紧，它们之间不应该有缺缝。

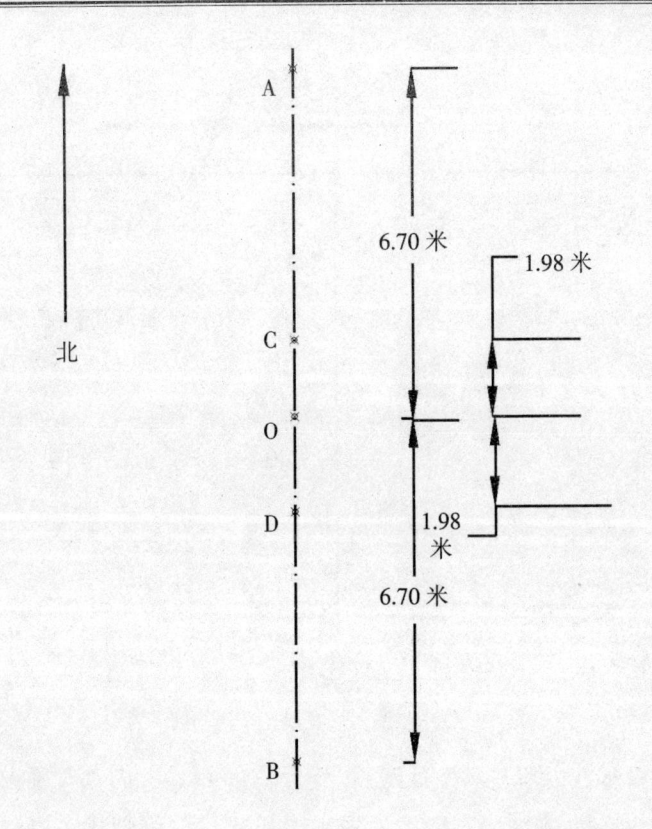

画线痕

● 纵轴线：用一条长约 14 米的线绳，在空地中间沿较长（最好是南北）方向拉直，固定在地上即可。

● 确定纵轴线中点为 O 点，然后确定 A、B、C、D 四点，具体数据如下：OA=OB=6.70 米；OC=OD=1.98 米。

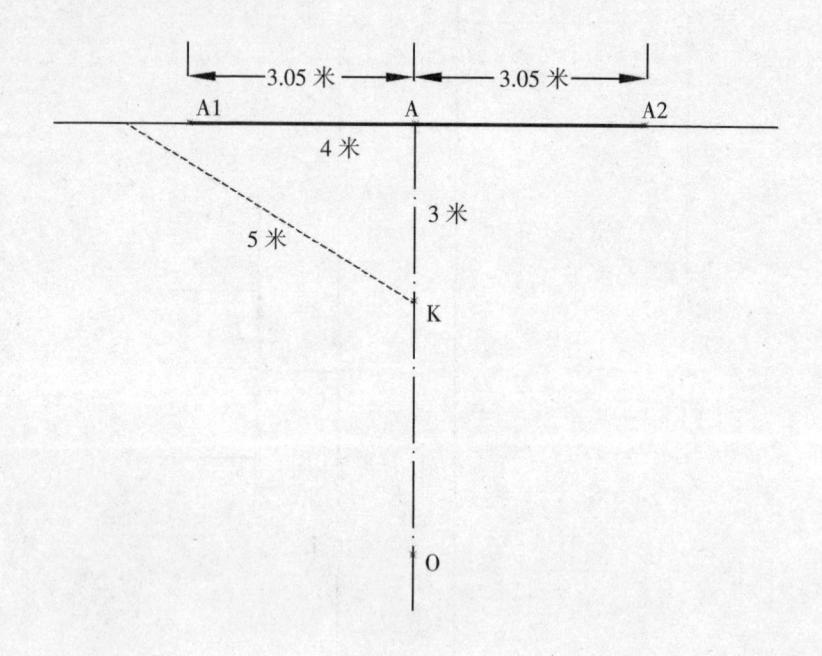

●端线（单打后发球线）：从 A 点向 O 点方向量 3 米得 K 点，以 K 点为圆心，以 5 米为半径在 A 点两侧画弧；再以 A 点为圆心，以 4 米为半径分别在 A 点两侧画弧，与前两弧相交，画直线连接两交点，在 A 点两侧各量 3.05 米，分别得 A1、A2 两点，A1A2 为端线。

●另一端画法相同。

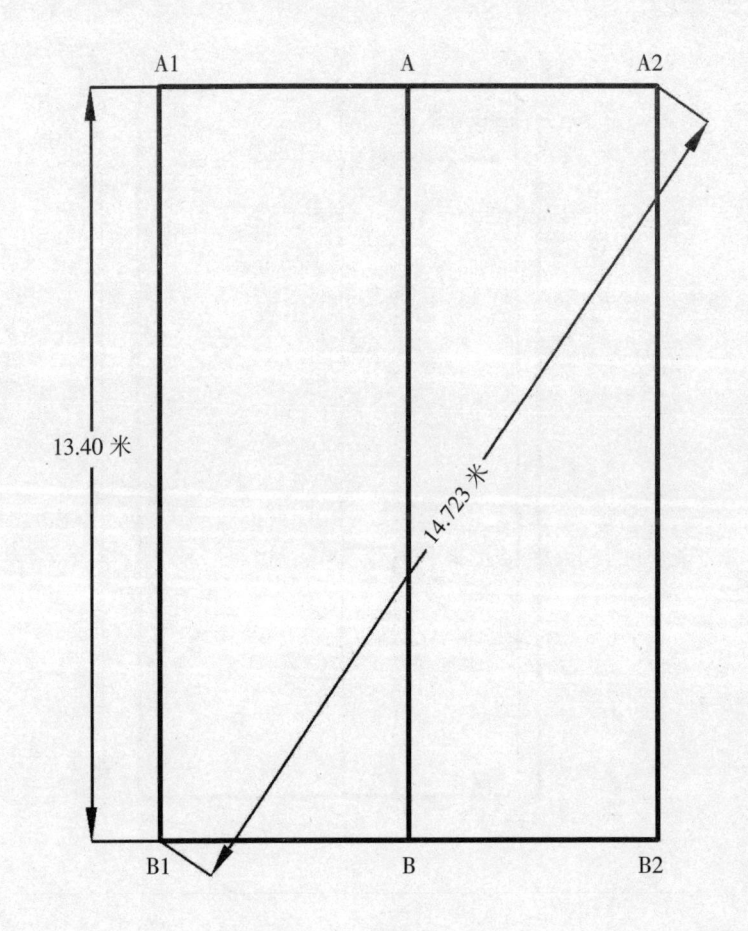

●边线（双打边线）：连接 A1B1 和 A2B2 可得到双打的两条边线。A1B1=A2B2=13.40 米。

●检验方法：量对角线，A1B2=A2B1=14.723 米。

体育场地简易测画法

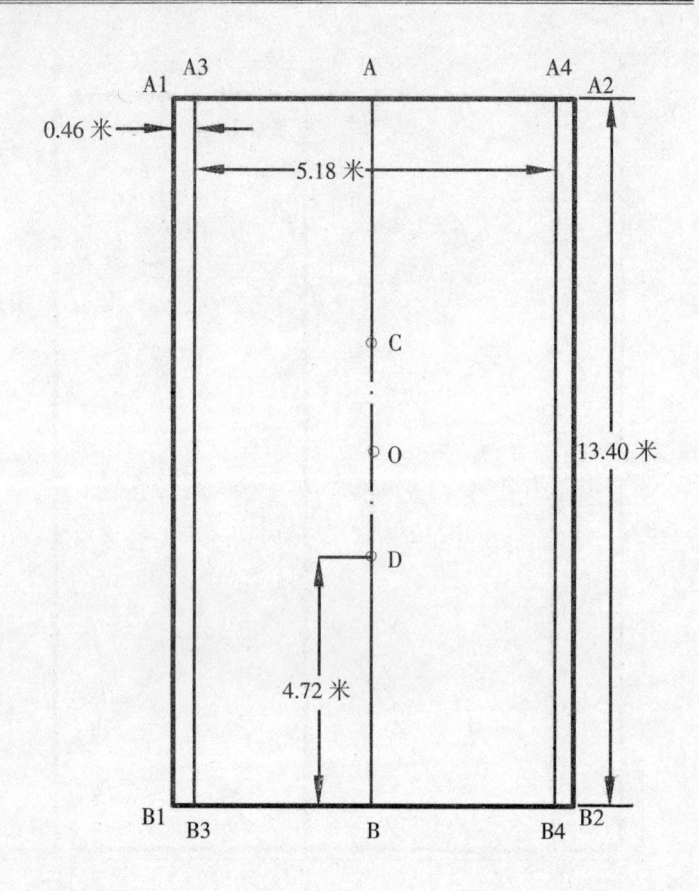

●中线：分别连接 AC 和 BD，AC=BD=4.72 米，为中线。

●单打边线：从 A1、A2、B1、B2 四点，分别向 A、B 方向量 0.46 米，分别得 A3、A4、B3、B4 四点，分别连接 A3B3 和 A4B4 即可。A3B3=A4B4=13.40 米；A3A4=B3B4=5.18 米。

羽毛球场

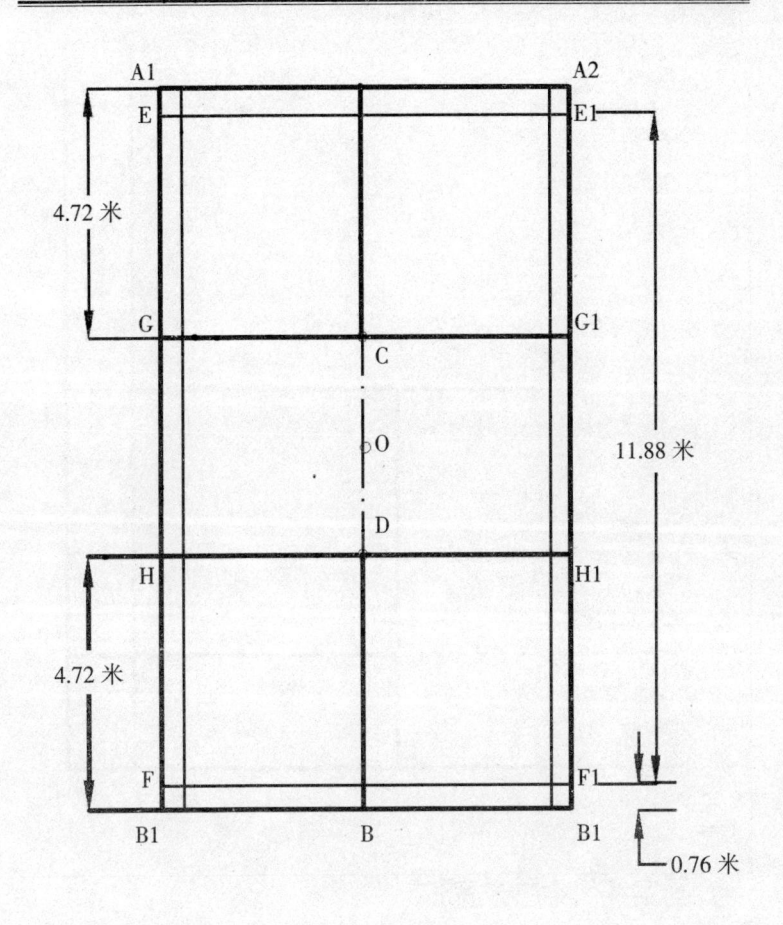

- 双打后发球线：从 A1、A2、B1、B2 四点，分别沿边线向 O 点方向量 0.76 米，得到 E、E1、F、F1 四点，连接 EE1 和 FF1，EF=E1F1=11.88 米。
- 前发球线：从 A1、A2、B1、B2 四点，分别沿边线向 O 点方向量 4.72 米，得 G、G1、H、H1 四点，连接 GG1 和 HH1，为前发球线。两连线须分别过 C、D 两点。

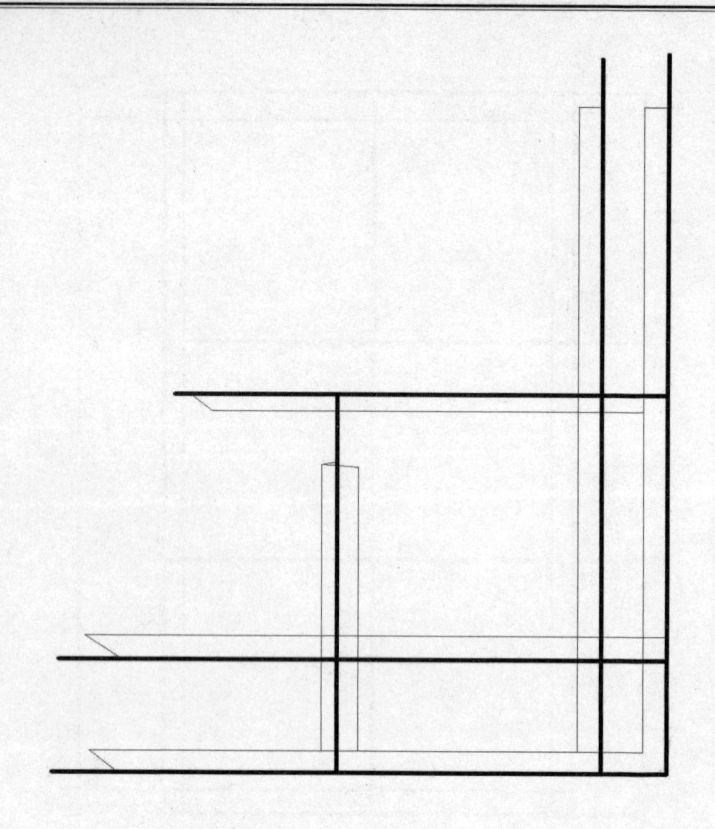

画实线（4厘米宽）

●边线、端线、单打边线、双打后发球线：沿线痕画在场区内。

●中线：骑着线痕画，两边各2厘米。

●前发球线：沿线痕画在发球区内。

网球场

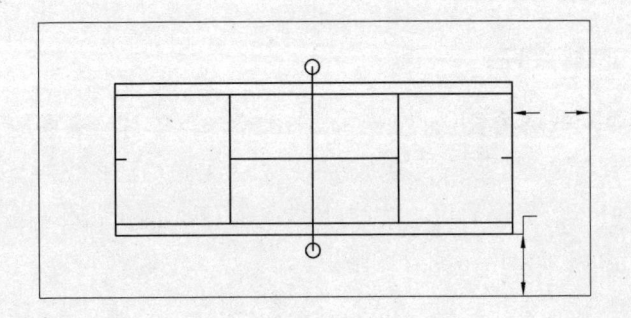

```
┌─────────────────────────────────────────┐
│         ○                               │
│  ┌──────────┬──────────┐  ← 6.40 →      │
│端线│          │          │     米        │
│  │─中点   中线│   发球线  │               │
│  │          │          │               │
│  └──────────┴──────────┘  ↕ 3.66 米     │
│         ○                               │
│      无障碍区                            │
└─────────────────────────────────────────┘
```

必备条件

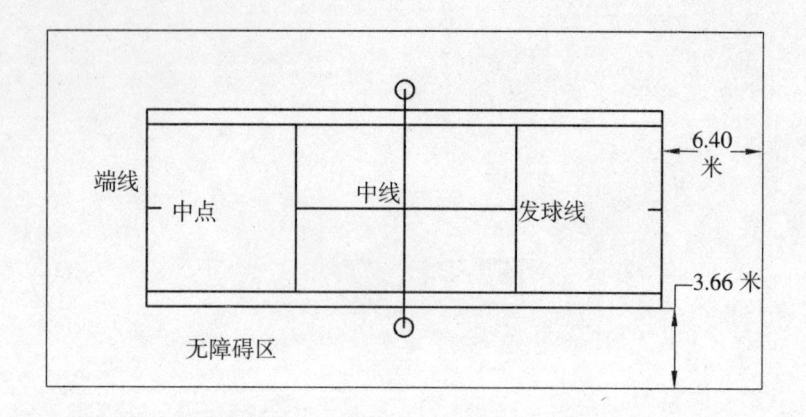

● 网球场为长 23.77 米、宽 10.97 米（单打比赛场地宽为 8.23 米）的长方形。长边为边线，短边为底线。底线外至少要有 6.40 米的无障碍区，边线外也要有 3.66 米的无障碍区，球场上空 10 米以内不能有障碍物。

● 场地可用土质、水泥、沥青、草皮（人造、天然）、塑胶等材料铺设，要求地面平整。

● 网柱：两柱中心测量，柱间距为 12.8 米，网柱顶端距地面 0.914 米。如果是两片或以上相连而建的并行网球场，相邻边线之间距离不小于 4 米。

网球场

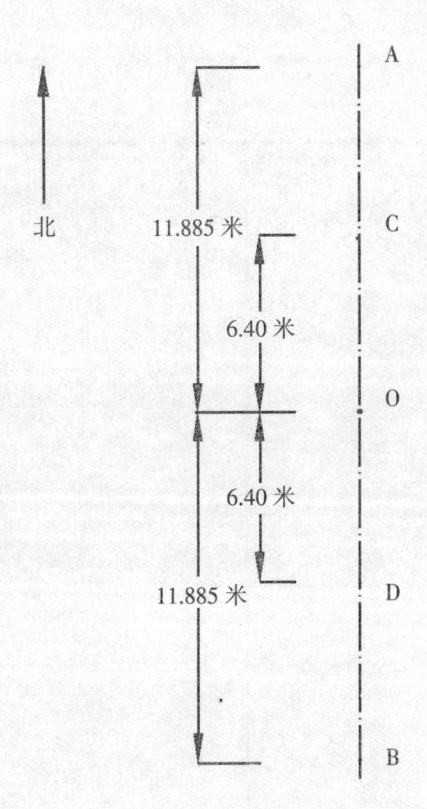

```
         ↑           A
         |           ·
         |           ·
         |           ·
         |           ·
        北   11.885米 ·   C
                 ↑   ·
                 |   ·
                 | 6.40米
                 |   ·
                 ↓   ·
                     ·   O
                 ↑   ·
                 |   ·
                 | 6.40米
                 |   ·
                 ↓   ·
           11.885米  ·   D
                     ·
                     ·
                     ·
                     ·
                     ·   B
```

画线痕

●纵轴线：用一条长约 24 米的线绳，在空地中间沿较长（最好是南北）方向拉直，固定在地上即可。

●确定纵轴线中点为 O 点，然后确定 A、B、C、D 四点。具体数字如下：OA=OB=11.885 米，OC=OD=6.40 米。

体育场地简易测画法

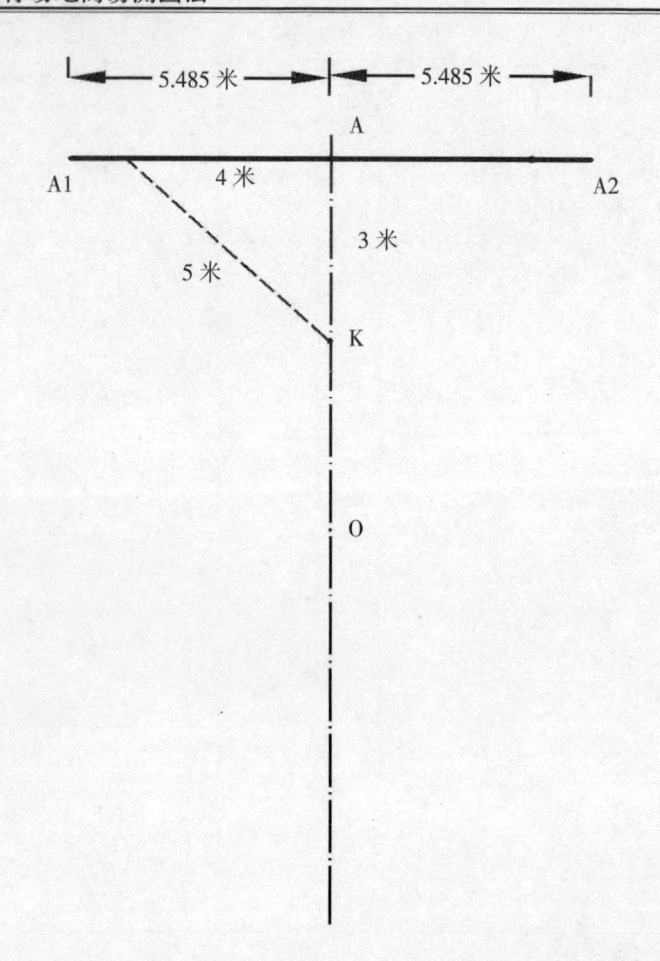

```
        ←—— 5.485米 ——→←—— 5.485米 ——→
                          A
    ┌─────────────4米──────┼──────────────────┐
    A1                    │                   A2
                  ╲       │
                   ╲      │ 3米
                  5米╲    │
                     ╲    │
                      ╲   K
                          │
                          │
                          │
                          │
                          O
                          │
```

● 底线（单打后发球线）：从 A 点向 O 点方向量 3 米得 K 点，以 K 点为圆心，以 5 米为半径在 A 点两侧画弧；再以 A 点为圆心，以 4 米为半径分别在 A 点两侧画弧与前两弧相交，画直线连接两交点并延长，在 A 点两侧量 5.485 米，分别得 A1、A2 两点，A1A2 为底线。

● 另一侧画法相同。

网球场

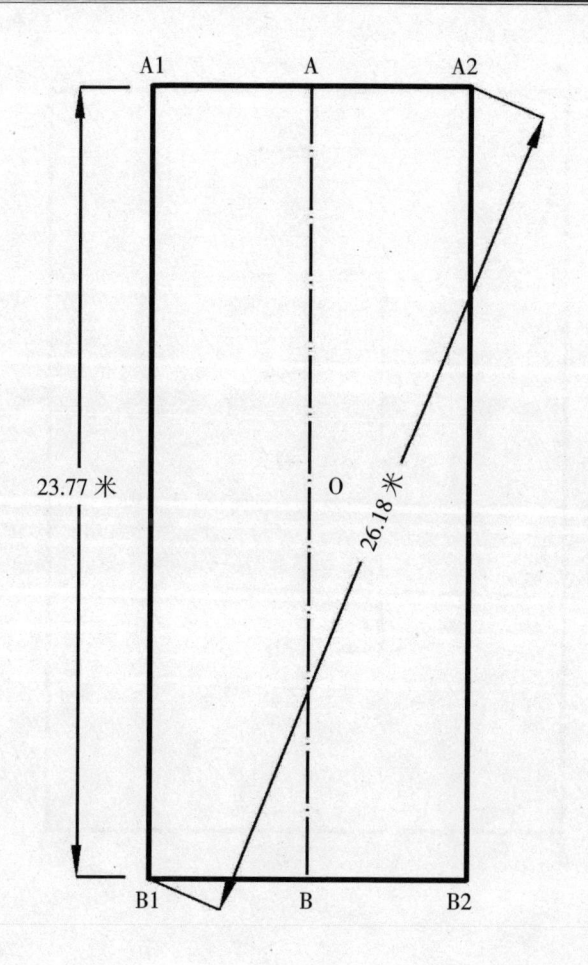

- 边线（双打边线）：连接 A1B1 和 A2B2，为双打的两边线。A1B1=A2B2=23.77 米。
- 检验方法：量对角线，A1B2=A2B1=26.18 米。

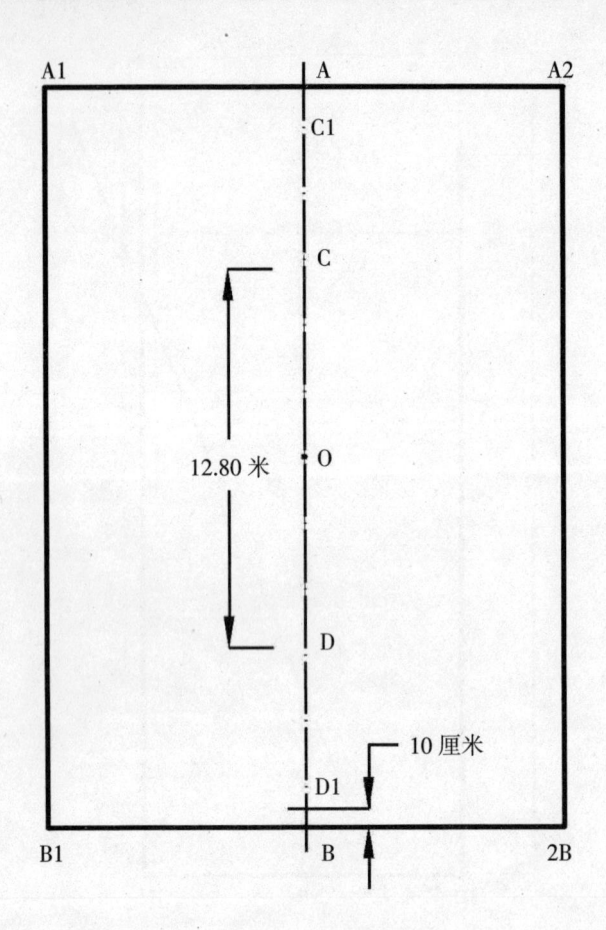

●中线：连接 CD，即为中线。

●中点：沿纵轴分别从 A、B 两点向场内量 10 厘米线段即可。AC1=BD1=10 厘米。

网球场

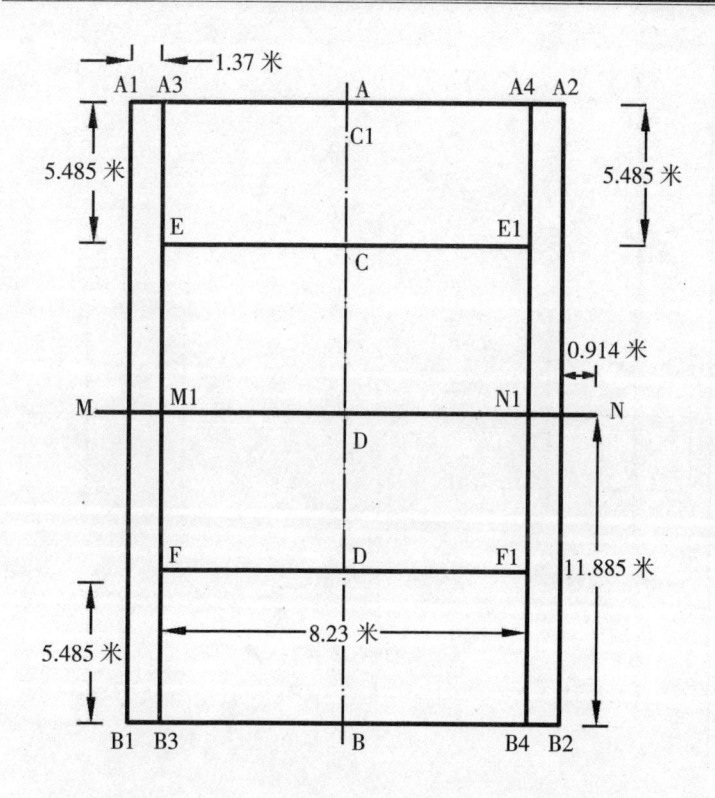

●单打边线：从 A1、A2、B1、B2 四点，分别沿底线向 A、B 点量 1.37 米，得 A3、A4、B3、B4 四点。分别连接 A3B3 和 A4B4 即为单打边线。A3A4=B3B4=8.23 米。

●发球线：从 A3、A4、B3、B4 四点，沿边线向 O 点方向分别量 5.485 米，得到 E、F、E1、F1 四点，连接 EE1 和 FF1 即可。A3E=A4E1=B3F=B4F1=5.485 米。

●横轴线：分别取 A1B1、A2B2 的中点得 M、N 两点，连接 M、N 两点交单打边线于 M1、N1 点，并且从 M、N 两点各向外延长 0.914 米。A1M=B1M=A2N=B2N=11.885 米。

単打网柱支撑点

M　　M1　　　　　　　　　　N1　　N

0.914 米

0.914 米

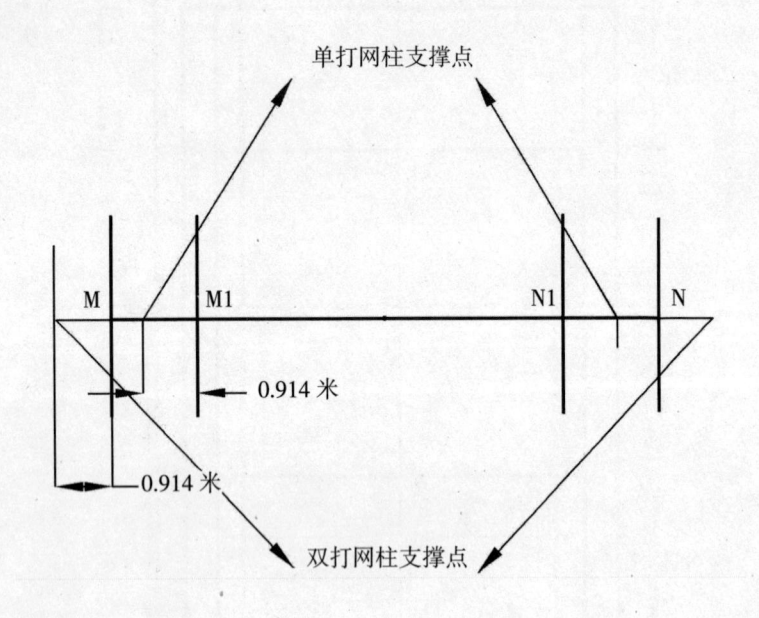

双打网柱支撑点

●网柱支撑点：沿横轴线分别从 M、N 点（双打支撑点）和 M1、N1 点（单打支撑点）向场外量 0.914 米。然后取其为圆心，分别做一个半径为 3 厘米的圆点即可。

网球场

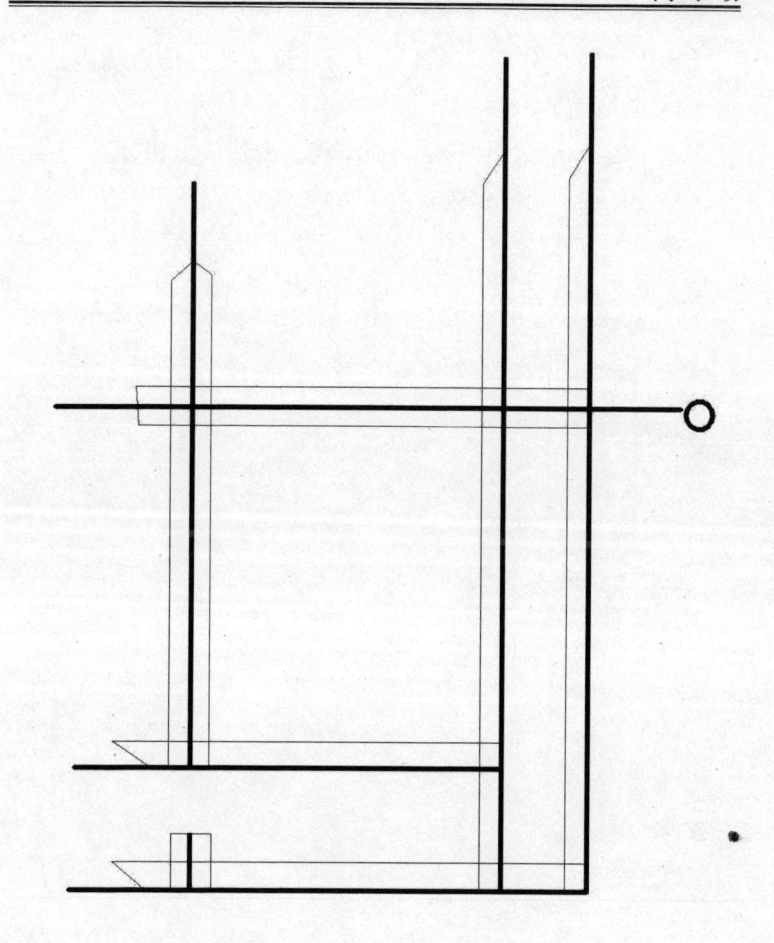

画实线（2.50~5厘米宽、底线10厘米宽）

●边线、底线、单打边线：沿线痕画在场区内，边线为2.5~5厘米，底线为10厘米。

●中点线：分别从 A、B 点骑着纵轴线线痕向场内画 10 厘米即可，两边线宽相等。

●中线、横轴线：骑线痕画即可，两边线宽相等。

●发球线：沿线痕画在发球区内。

●网柱支撑点、单打支撑点为"○"；双打支撑点为"○"。

短式网球场

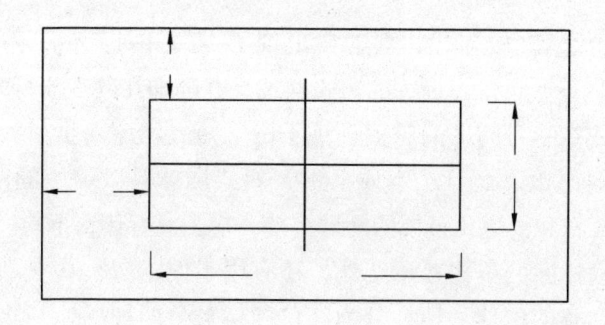

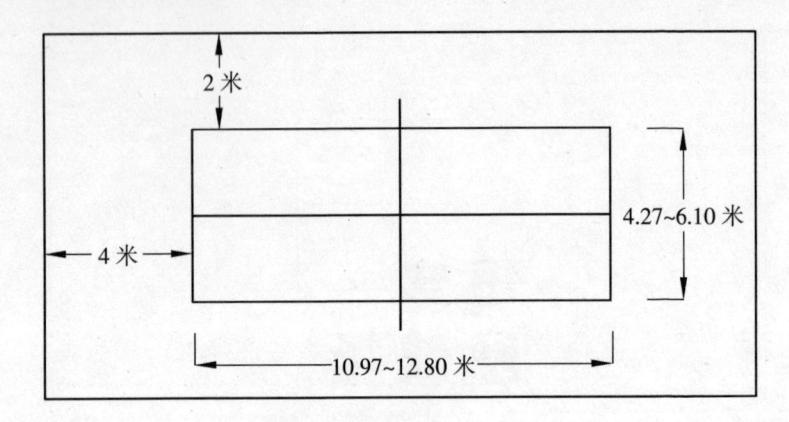

国际草地网协制定的球场标准

20世纪70年代,在瑞典出现了专门针对儿童,主要是11岁以下儿童学习训练的短式网球,并随即在欧美流行开来,成为儿童学习网球的启蒙训练手段。短式网球满足了孩子打网球的愿望,而且从本质上讲,短式网球是微缩版的网球,除了器材和场地比正规的网球小外,规则没有什么不同。

除标准网球比赛场地外,还有用于10岁及10岁以下年龄组比赛的网球场地,分为红色和橘黄色两种场地。此处介绍红色场地的画法。

必备条件

● 短式网球场为长10.97~12.80米、宽4.27~6.10米的长方形,底线至挡网不少于4米,场地之间间隔2米。国际草地网协所制定的球场布局是网与中线于中点相交,场地呈长方形的"田"字。

短式网球场

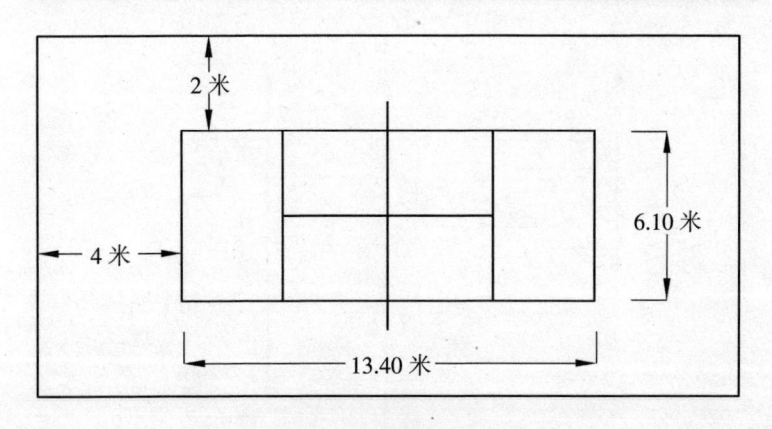

我国网协制定的球场标准

●我国现行的标准球场增加了形似正规网球场的发球区，每片球场发球区长 3.70 米、宽 3.05 米。本书介绍的是我国标准的球场。

●网柱高 0.85 米，网长 7 米，球网的中央高度是 0.80 米，网柱之间的距离是 7 米。球场地面可以使用沙土、沥青、木板、塑胶等材料铺设，要求表面平整。

体育场地简易测画法

画线痕

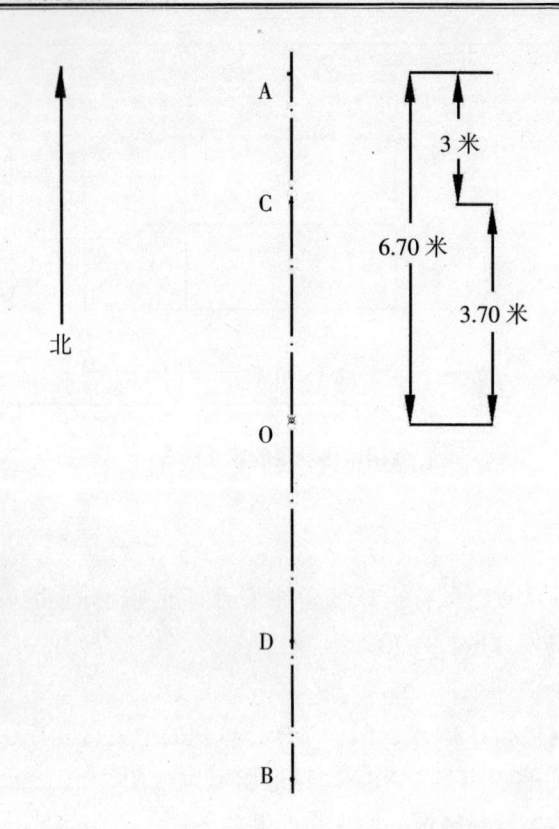

●纵轴线：用一条长约 14 米的线绳，在空地中间沿较长（最好是南北）方向居中拉直，固定在地上即可。

●确定纵轴线的中点为 O 点，然后确定 A、B、C、D 四点。具体数字如下：OA=OB=6.70 米；OC=OD=3.70 米；AC=BD=3 米。

短式网球场

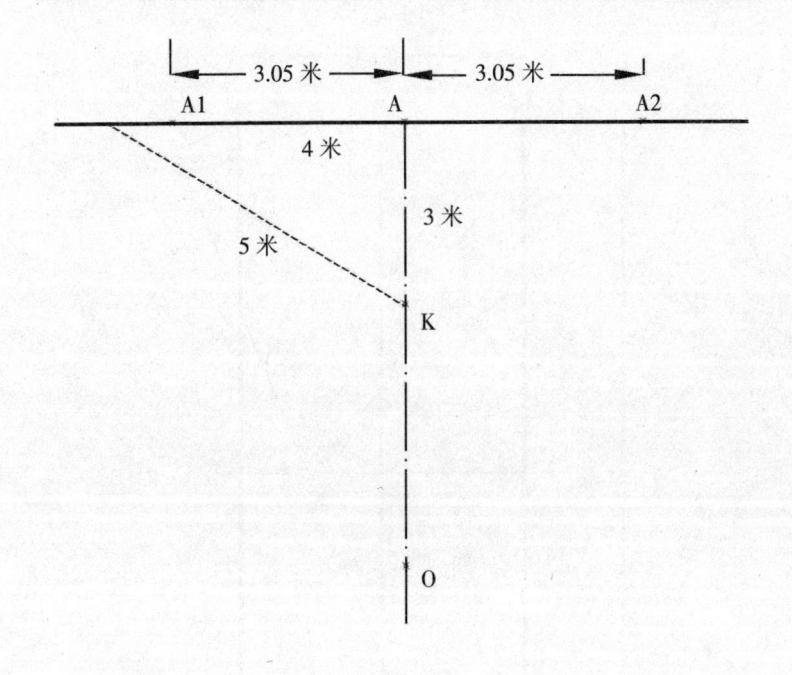

```
        |←— 3.05米 —→|←— 3.05米 —→|
        A1            A            A2
━━━━━━━━━━━━━━━━━━━━━━━━━━━━━━━━━━━━━━
                      4米
                       │
                       │ 3米
              5米      │
                       │
                       K
                       │
                       │
                       │
                       │
                       O
```

● 端线：从 A 点向 O 点方向量 3 米得 K 点，以 K 点为圆心，以 5 米为半径，在 A 点两侧画弧；再以 A 点为圆心，以 4 米为半径，分别在 A 点两侧画弧与前两弧相交，画直线连接两交点并延长，在 A 点两侧各量 3.05 米，分别得 A1、A2 两点，A1A2 为端线。

● 另一端画法相同。

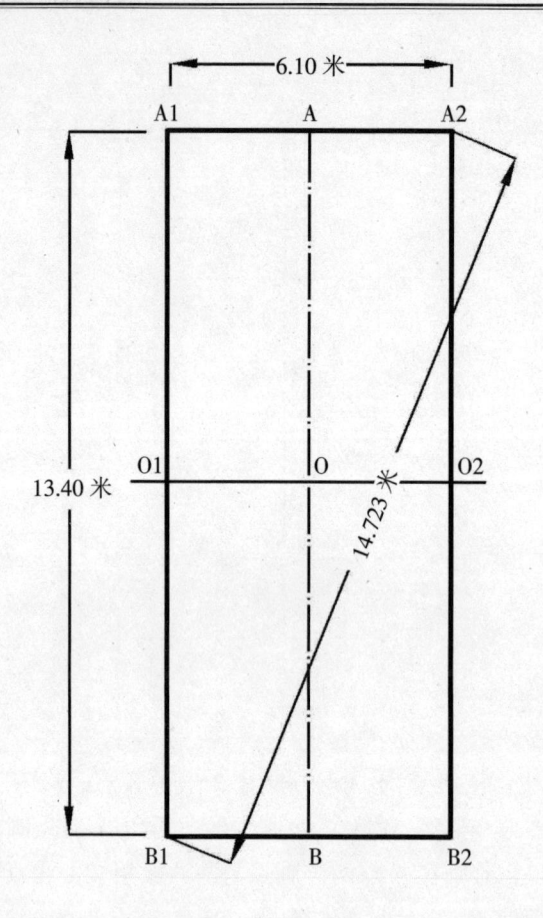

- 边线：分别连接 A1B1 和 A2B2 为边线，A1B1=A2B2=13.40 米。
- 横轴线：分别取 A1B1、A2B2 的中点，得 O1O2 两点，连接 O1O2，得横轴线。
- 检验方法：量对角线，A1B2=A2B1=14.723 米。

短式网球场

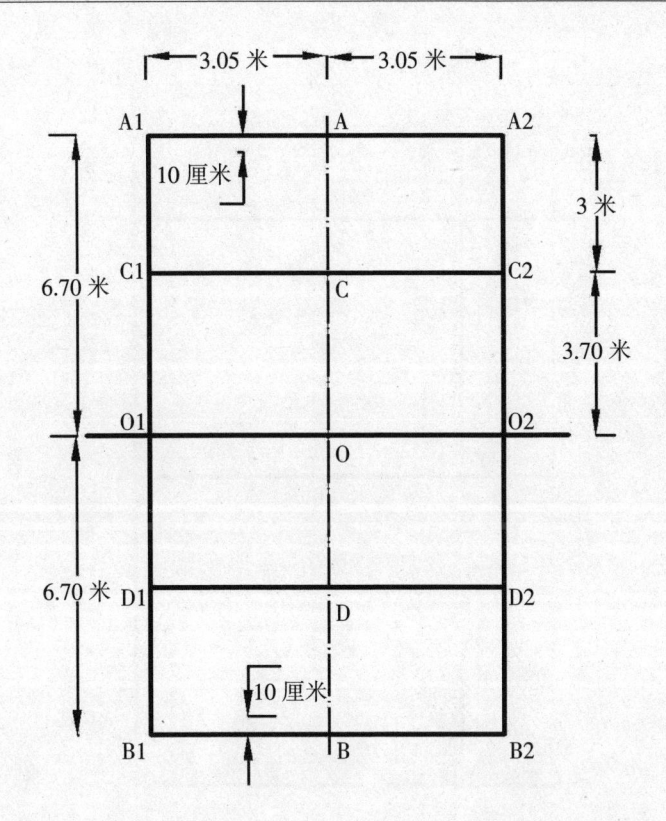

- 发球线：分别从 A1、A2、B1、B2 向 O1、O2 方向量 3 米，得到 C1、C2、D1、D2 四点，连接 C1C2、D1D2，得发球线。
- 中线：连接 CD，得中线。
- 中点线：分别从 A、B 两点向场内画一条与端线垂直的线段，线段长 10 厘米，为中点线。

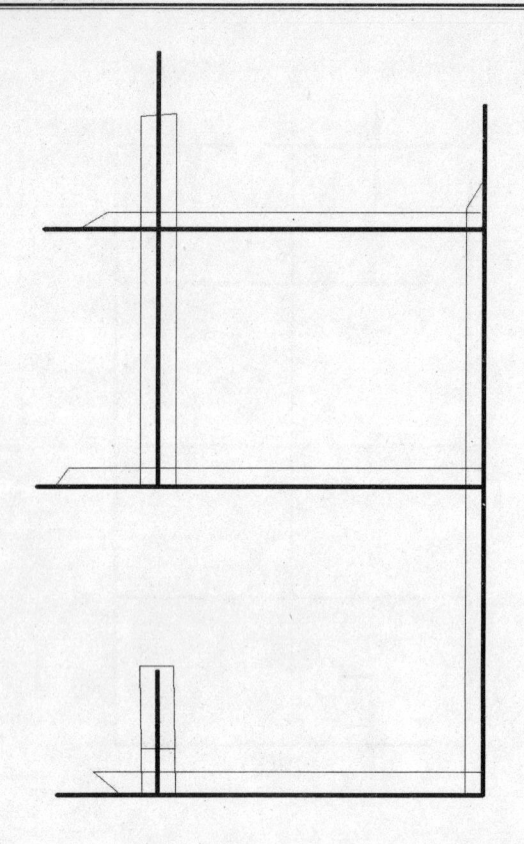

画实线（4厘米宽）

- 边线、端线：沿线痕画在场区内。
- 中线、中点线：压着线痕画即可，两边线宽相等。
- 发球线：沿线痕画在靠近横轴线一侧。
- 横轴线与球网重合，可不画。

手球场

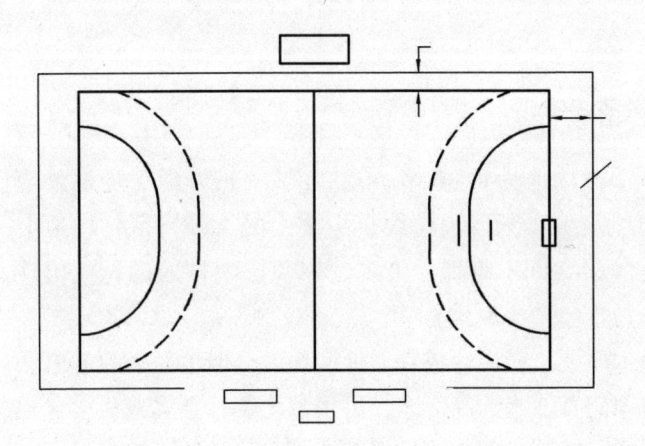

必备条件

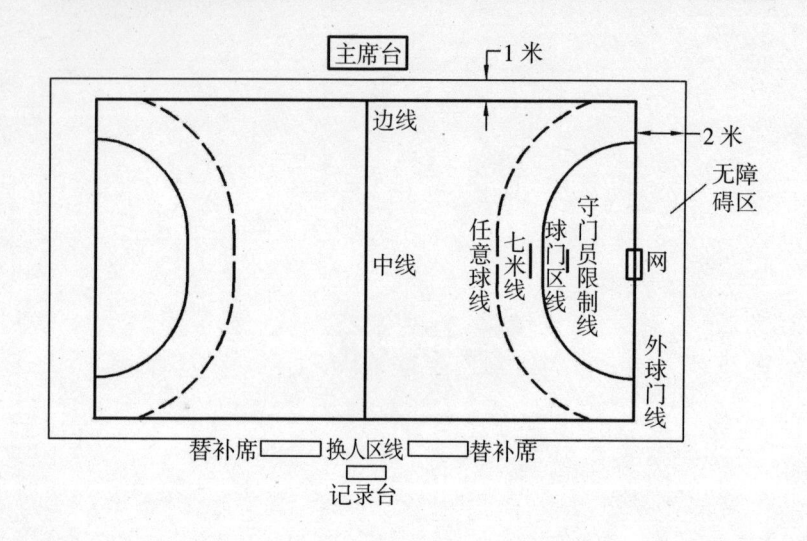

● 手球场地为长 40 米、宽 20 米的长方形，场地外应有离边线至少 1 米、离端线至少 2 米的无障碍区。场地上空的无障碍空间不得低于 8 米，以免影响球的运行或出现伤害事故。

● 木质、土质或合成物质地面均可，但地面必须平坦。

● 球门宽 3 米、高 2 米，可用木质、轻金属或化学合成材料制成。球门必须牢固地置于地面，建议购买正规厂家生产的产品，以确保安全。

● 场上的线均属于它们各自界定的场内的一部分，球门线为 8 厘米宽，其余各线为 5 厘米宽。

画线痕

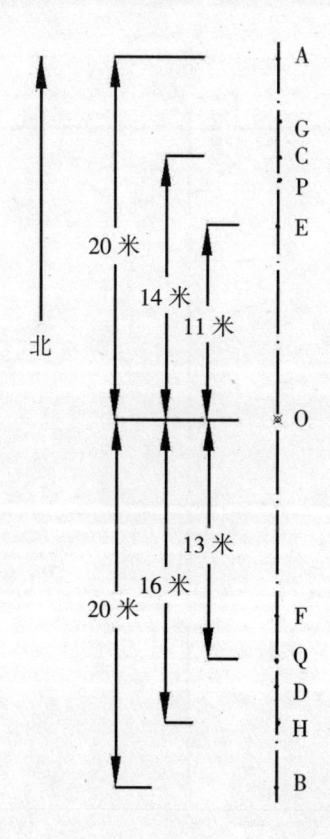

● 纵轴线：用一条长约 41 米的线绳，在空地中间沿较长（最好是南北）方向拉直，固定在地上即可。

● 首先确定纵轴线中点为 O 点，然后确定 A、B、C、D、E、F、G、H、P、Q 十点。具体数据如下：OA=OB=20 米；OG=OH=16 米；OC=OD=14 米；OP=OQ=13 米；OE=OF=11 米。

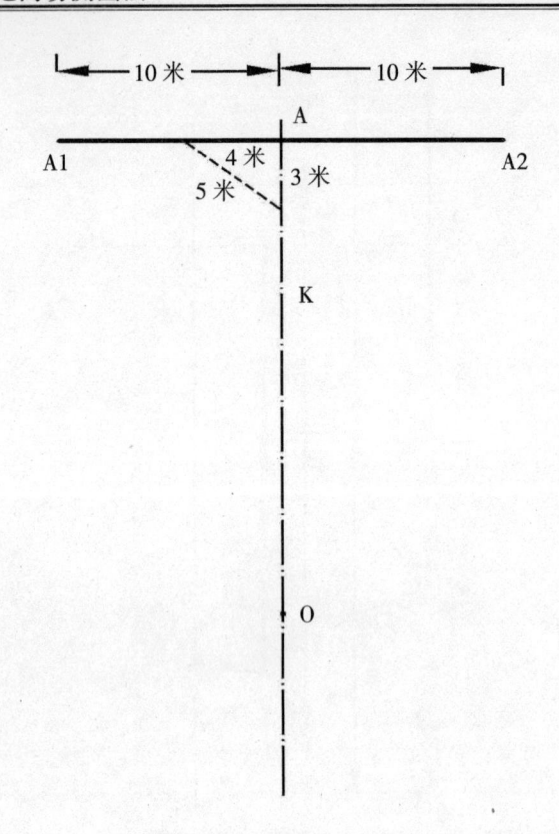

●球门线：从 A 点向 O 点方向量 3 米得 K 点，以 K 点为圆心，以 5 米为半径在 A 点两侧画弧；再以 A 点为圆心，以 4 米为半径在 A 点两侧画弧与前两弧相交，画直线连接两交点并延长，在 A 点两侧各量 10 米，分别得 A1、A2 两点，A1A2 为球门线。

●另一端画法相同。

手球场

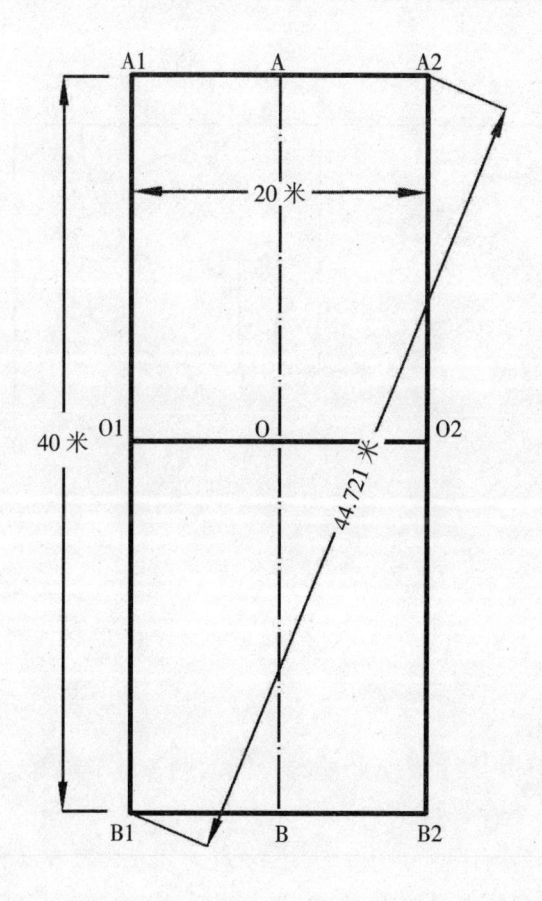

- 边线：连接 A1B1 和 A2B2 为边线。A1B1=A2B2=40米。
- 中线：分别取 A1B1 和 A2B2 的中点 O1、O2，连接即可，O1=O2=20米。
- 检验方法：量对角线，A1B2=A2B1=44.721米。

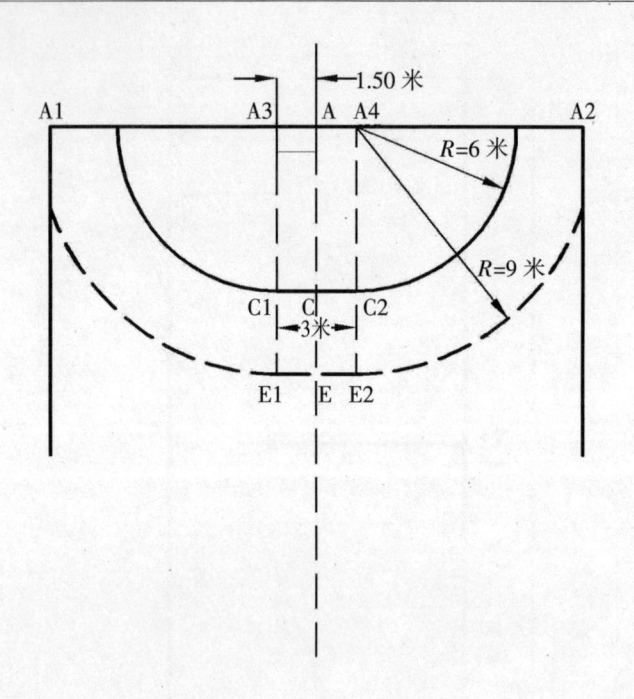

● 内球门线：从 A 点沿球门线两侧各量 1.50 米，得 A3、A4 两点，连接即可，A3A4=3 米。

● 球门线区：分别以 A3、A4 点为圆心，以 6 米为半径，从球门线向场内画两条 90°弧线；过 C 点画一平行于球门线的直线，与该两弧相切于 C1、C2 点。球门区线=弧 A3+弧 A4+线段 C1C2，C1C2=3 米。

● 任意球线：分别以 A3、A4 点为圆心，以 9 米为半径，从边线向场内画两条弧线（不超过 90°），过 E 点画一条平行于球门线的直线（或垂直纵轴线），并使之与弧 A3、A4 相切于 E1、E2 点。任意球线=弧 A3+弧 A4+线段 E1E2，E1E2=3 米。

● 另一端画法相同。

手球场

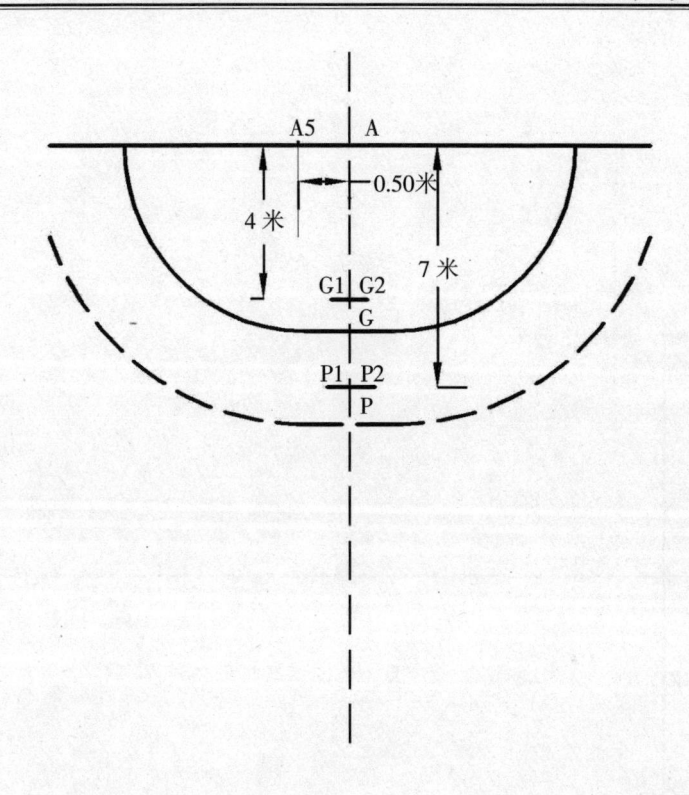

●7米线：在 P 点画一条 1 米的线段 P1P2，垂直于纵轴线，P1P2=1 米。

●守门员限制线：在 G 点画一条 15 厘米长的线段 G1G2，垂直于纵轴线，G1G2=15 厘米。

●另一端画法相同。

体育场地简易测画法

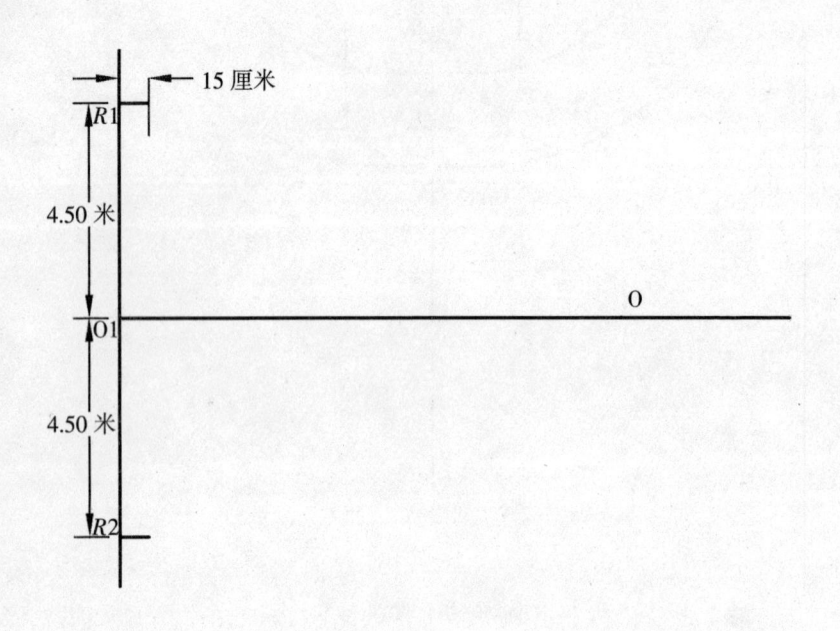

●换人区线：从 O1 点沿边线向两侧各量 4.50 米得 R1、R2 两点，分别从 R1、R2 点向场内画一条垂直于边线的 15 厘米的直线即可。

手球场

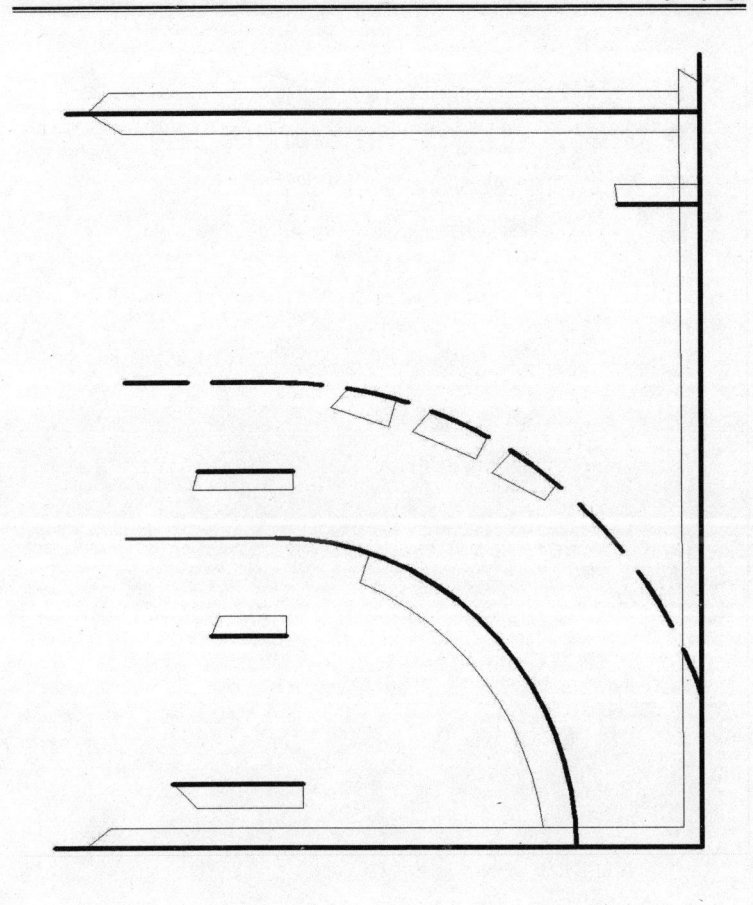

画实线（5厘米宽）

- 边线、球门线：沿线痕画在场区内。
- 内球门线：沿球门线画在场内，线宽3厘米。
- 中线：骑线痕画，两边线宽各一半。

- 换人区线：沿线痕画在换人区内。
- 球门区线、任意球线：沿线痕画在球门区内。
- 7米线：沿线痕画在近球门线测。
- 守门员限制线：沿线痕画在远球门线侧。

毽球场

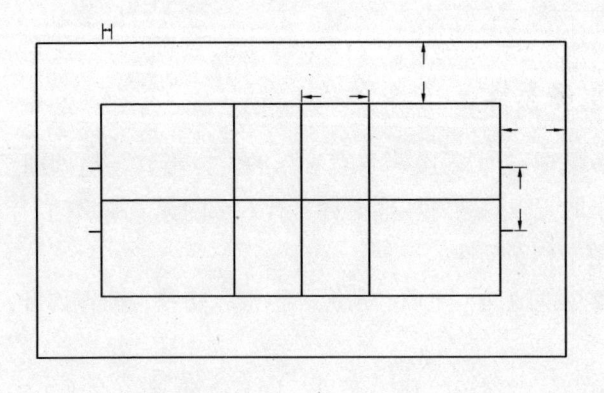

必备条件

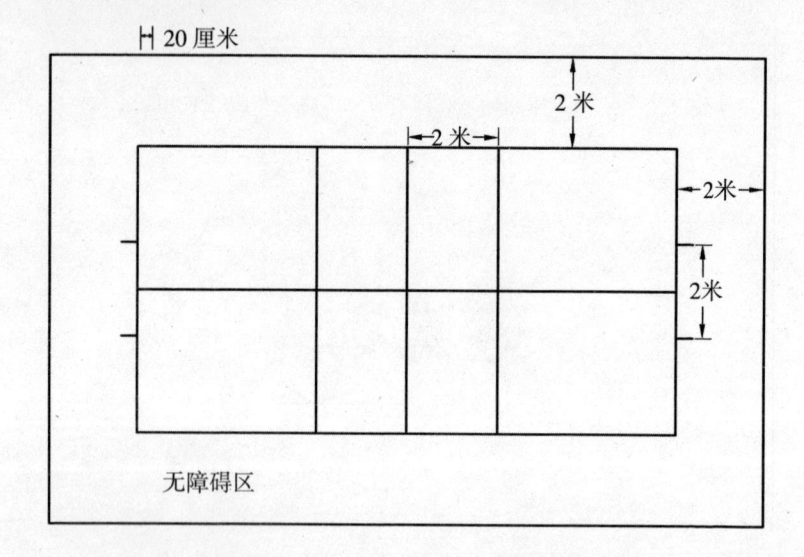

●毽球场为长 12 米、宽 6 米的长方形，场地四周至少要有 2 米的无障碍区，场地上方要有 6 米的无障碍空间，以保证球的运行和安全性。

●场地地面：土质、水泥、木板、塑胶、沥青均可，要求平坦。

●网柱埋在场外 0.50 米处，网高 1.60 米（女子 1.50 米）。

●发球区：距两端线中点两侧各 1 米处向场外各画一条长 20 厘米与端线垂直短线叫发球区线。发球区线向后无限延长区域叫发球区。

毽球场

画线痕

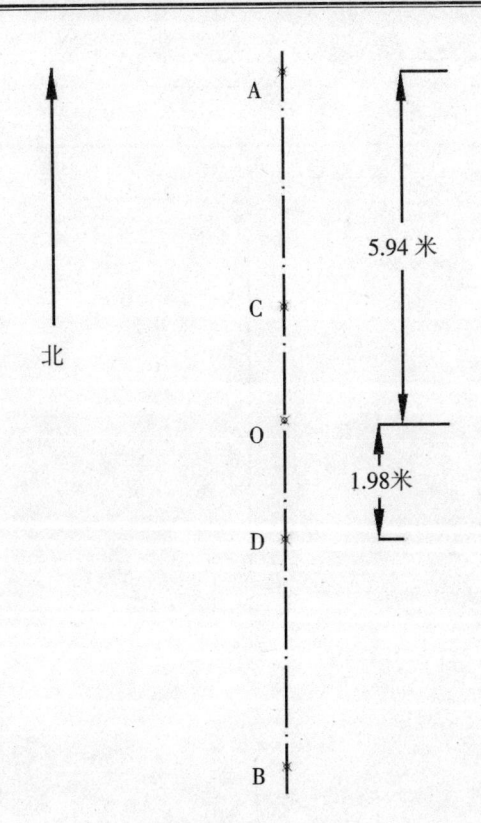

●纵轴线：用一条 13 米的线绳在空地较长（最好是南北）方向居中拉直，为毽球场纵轴线。

●确定纵轴线的中点为 O 点，然后确定 A、B、C、D 四点，具体数据如下：OA=OB=5.94 米；OC=OD=1.98 米。

体育场地简易测画法

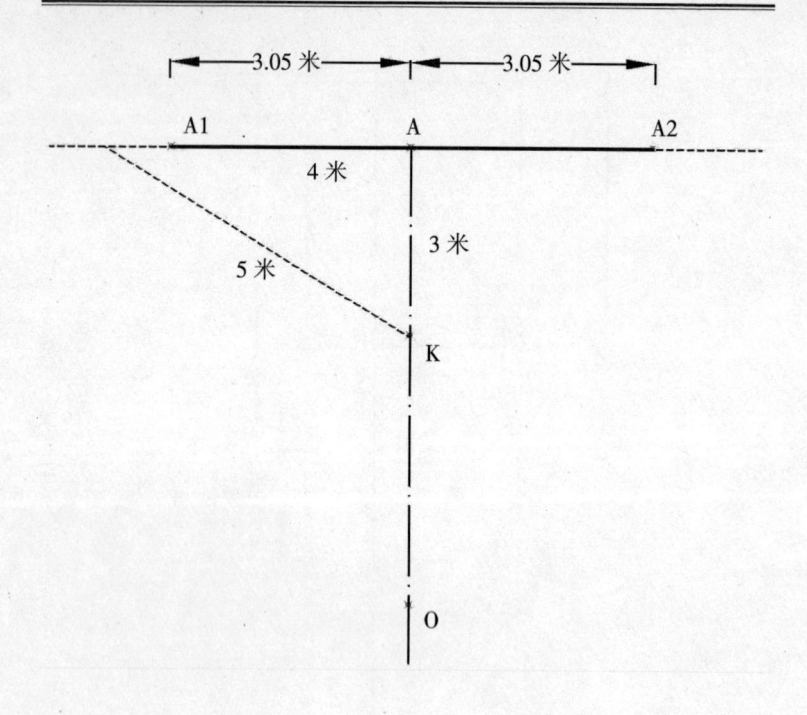

- 端线：从 A 点向 O 点方向量 3 米得 K 点，以 K 点为圆心，以 5 米为半径向 A 点两侧画弧；再以 A 点为圆心，以 4 米为半径在 A 点两侧画弧与前两弧相交，画直线连接两交点。从 A 点向两侧各量 3.05 米，得 A1、A2 两点，为毽球场的端线。
- 另一端画法相同。

毽球场

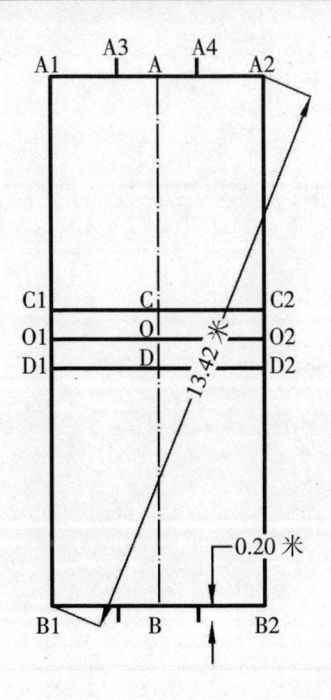

- 边线：分别连接 A1、B1 和 A2、B2，为场地的两边线。
- 中线：分别取 A1B1、A2B2 的中点，得 O1、O2 两点，连接 O1O2 为中线。
- 限制线：分别从 O1、O2 点沿边线向两端各量 0.50 米，得 C1、C2 和 D1、D2 四点，分别连接 C1、C2 和 D1、D2，得到两条限制线。
- 检验方法：量对角线，B1A2=A1B2=13.42 米。
- 发球区：分别从 A1、A2 点向 A 点量 2 米，得 A3、A4 点，在 A3、A4 点向外画一垂直于端线的线段，线段长 0.20 米，A3、A4 点之间为发球区。
- 另一端画法相同。

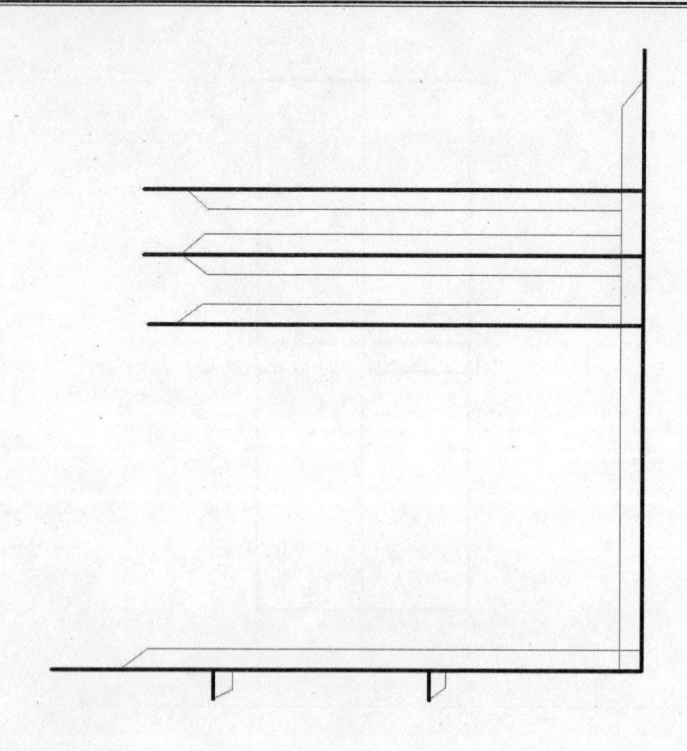

画实线（4厘米宽）

- 边线、端线：沿线痕画在场内。
- 中线：压着线痕画，两边各2厘米。
- 限制线：沿线痕画在靠近中线一侧。
- 发球区线：沿线痕画在外侧。

藤球场

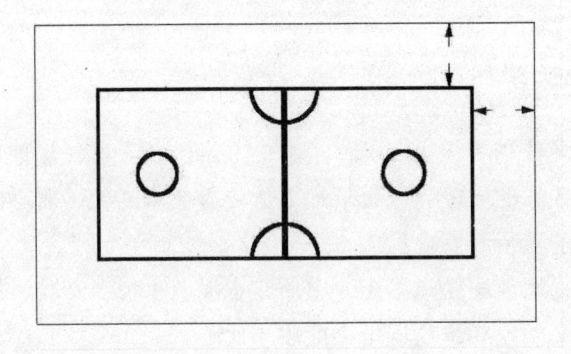

[图示:场地示意,标注"3米""3米""无障碍区"]

必备条件

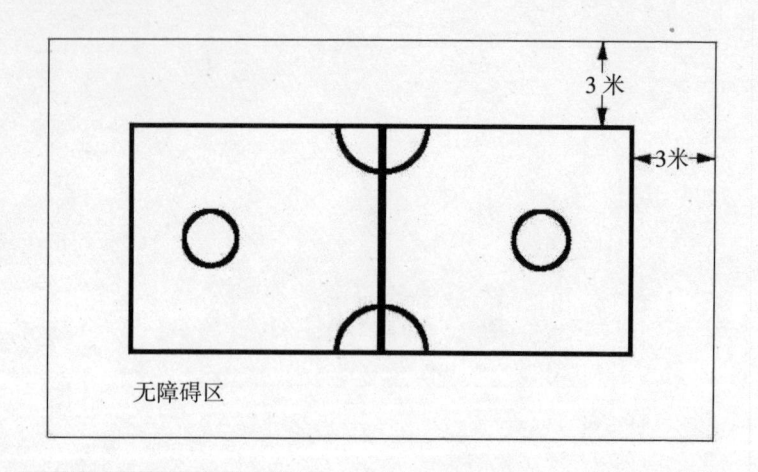

● 藤球场为长 13.40 米、宽 6.10 米的长方形,场地四周至少要有 3 米的无障碍区,场地上方要有 8 米的无障碍空间,以保证球的运行和安全性。

● 场地地面要求平坦,土质、水泥、本板、塑胶、沥青材质均可,沙地和草皮场地不能用于比赛。

● 网柱设置在场外,网高 1.55 米。

藤球场

画线痕

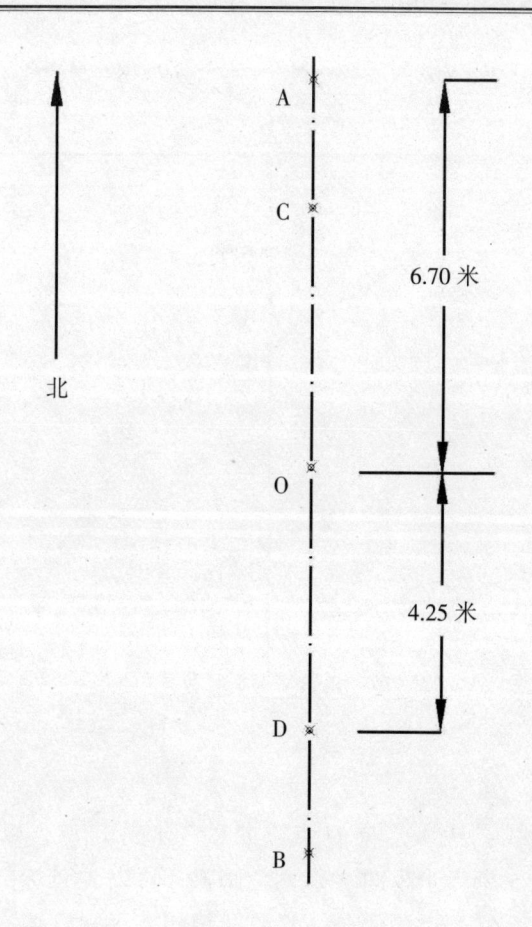

●纵轴线：用一条长约14米的线绳，在空地较长（最好是南北）方向居中拉直，为藤球场纵轴线。

●先选择纵轴线的中点为O点，然后确定A、B、C、D四点，具体数据如下：OA=OB=6.70米；OC=OD=4.25米。

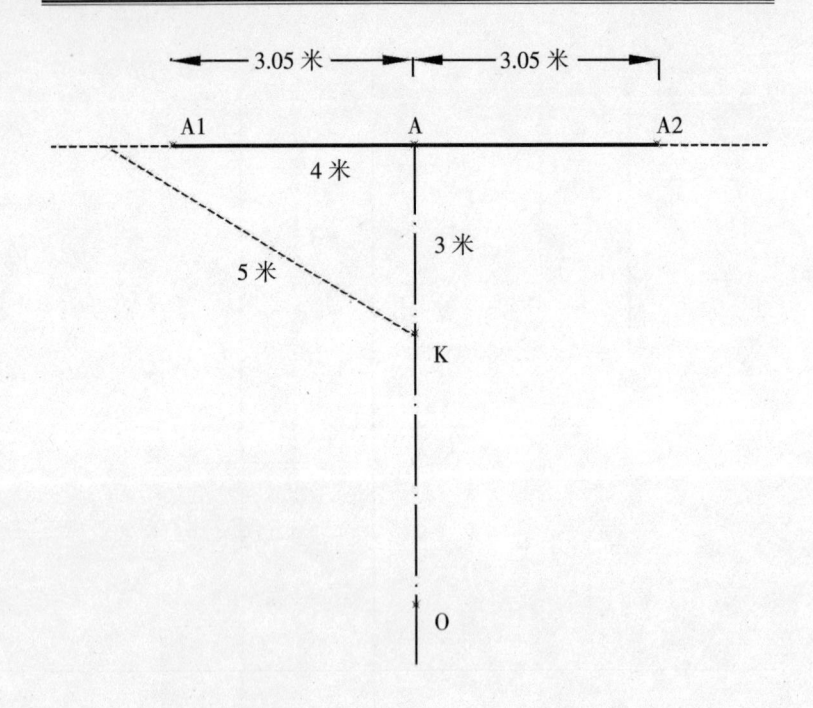

●端线：从A点向O点方向量3米得K点，以K点为圆心，以5米为半径向A点两侧画弧；再以A点为圆心，以4米为半径在A点两侧画弧与前两弧相交，画直线连接两交点，从A点向两侧各量3.05米，得A1、A2两点，为藤球场的端线。

●另一端画法相同。

藤球场

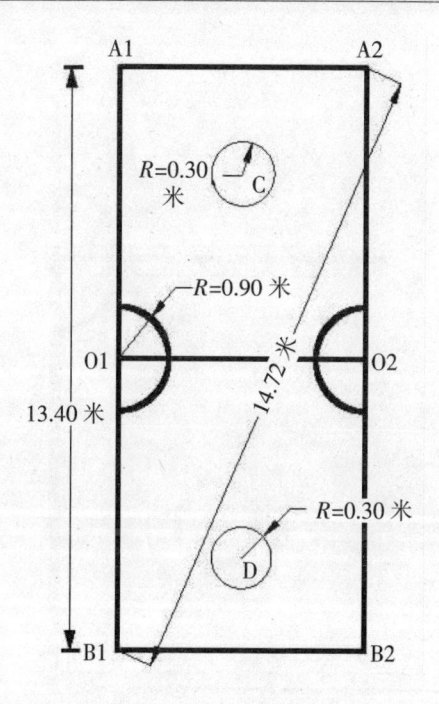

●边线：分别连接 A1、B1 和 A2、B2，为场地的两边线，A1B1=A2B2=13.40 米。

●中线：分别取 A1B1、A2B2 的中点，得 O1、O2 两点，连接 O1O2，为中线。

●检验方法：量对角线，B1A2=A1B2=14.72 米。

●四分之一圈：分别以 O1、O2 点为圆心，以 0.90 米为半径，从边线向内画弧至另一半场边线，每个半场各有两个四分之一圈。

●发球圈：分别以 C、D 点为圆心，以 0.30 米为半径画圆，为发球圈。

●取下纵轴线绳。

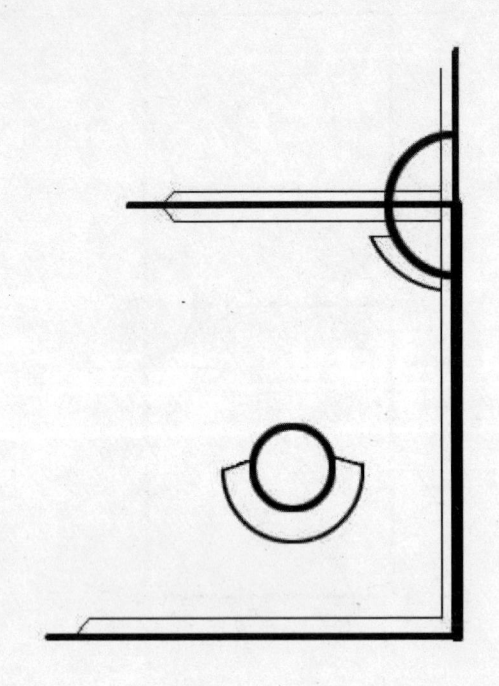

画实线（4厘米宽）

- 边线、端线：沿线痕画在场内。
- 中线：压着线痕画，两边各2厘米。
- 发球圈、四分之一圈线：沿线痕画在外侧。

英式橄榄球场

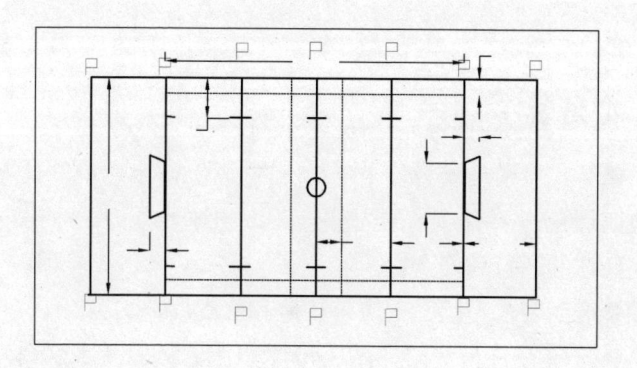

必备条件

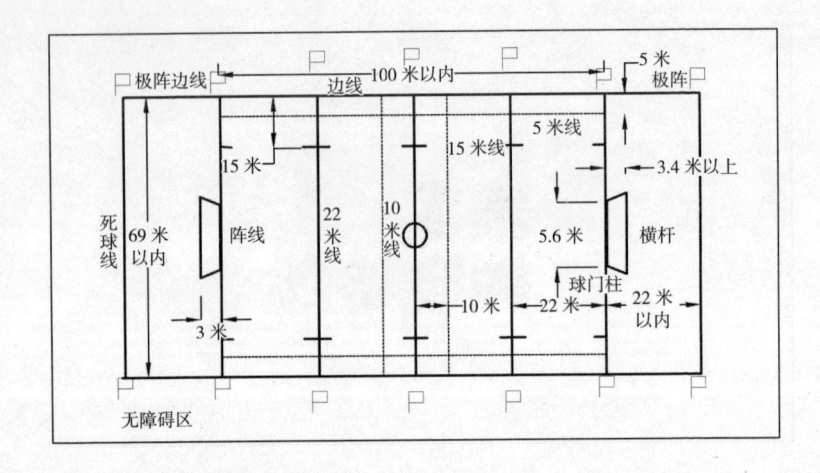

●英式橄榄球场为长 144 米以内、宽 69 米以内的长方形，场地四周至少要有 3 米的无障碍区，场地上方为无障碍空间，以保证球的运行和安全性。

●地面要求平坦，土质、沙地和草皮场地均可。

●球门为 H 型，门柱高 3.40 米以上，间距为 5.60 米，中间横杆距地面 3 米。球门分别居中立在阵（C、D）线上。

英式橄榄球场

画线痕

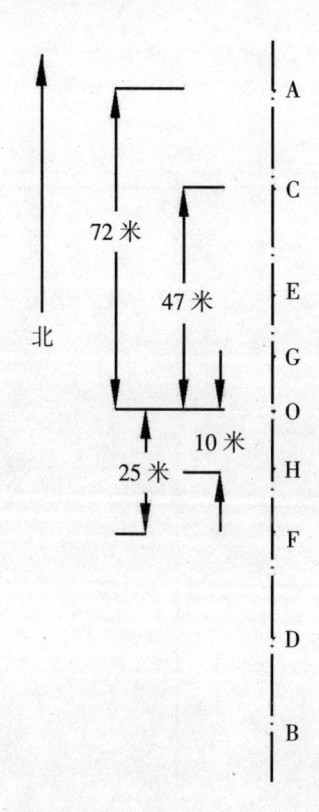

●纵轴线:用一条长约150米的线绳,沿空地较长(最好是南北)方向居中拉直,固定在地上,为场地纵轴线。

●先选择纵轴线的中点为O点,然后确定A、B、C、D、E、F、G、H八点,具体数据如下:OA=OB=72米;OC=OD=47米;OE=OF=25米;OG=OH=10米。

```
        ←—34.50米—→←—34.50米—→
     A1      4米    A
     ——————————————————————————
                         3米
              5米        K
```

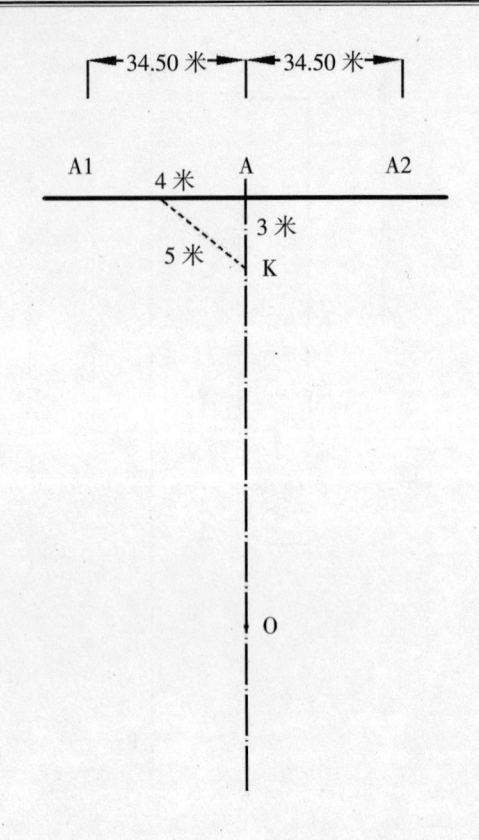

●死球线：从 A 点向 O 点方向量 3 米得 K 点，以 K 点为圆心，以 5 米为半径向 A 点两侧画弧；再以 A 点为圆心，以 4 米为半径在 A 点两侧画弧与前两弧相交，画直线连接两交点并延长，从 A 点向两侧各量 34.50 米，得 A1、A2 两点，为英式橄榄球场的死球线（即端线）。

●另一端画法相同。

英式橄榄球场

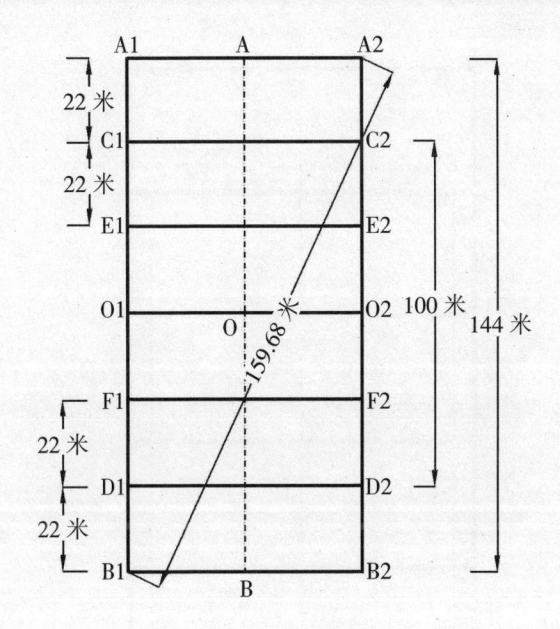

- 长边线：分别连接 A1、B1 和 A2、B2，为场地的两边线（包括极阵边线），A1B1=A2B2=144 米。
- 检验方法：量对角线，B1A2=A1B2=159.68 米。
- 中线：分别取 A1B1、A2B2 的中点，得 O1、O2 两点，连接 O1O2，为中线。
- 阵线：分别从 A1、A2、B1、B2 四点向中线方向量 22 米，分别得 C1、C2、D1、D2 四点，分别连接 C1C2、D1D2，为阵线。
- 22 米线：分别从 C1、C2、D1、D2 四点向中线方向量 22 米，得 E1、E2、F1、F2 四点，分别连接 E1E2、F1F2，为 22 米线。
- 边线：C1D1=C2D2=100 米。
- 极阵边线：A1C1=A2C2=B1D1=B2D2=22 米。

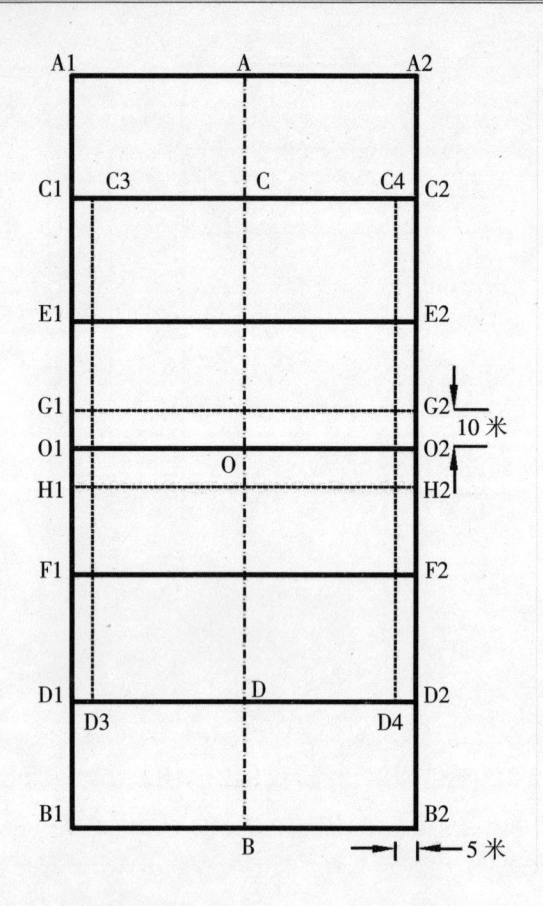

●5米线：分别从 C1、C2、D1、D2 四点向 C、D 方向量 5米，得 C3、C4、D3、D4 四点，分别用虚线连接 C3D3、C4D4，为5米线。

●10米线：分别从 O1、O2 点向死球线方向量 10米，得 G1、G2、H1、H2 四点，分别用虚线连接 G1G2、H1H2，为 10米线。

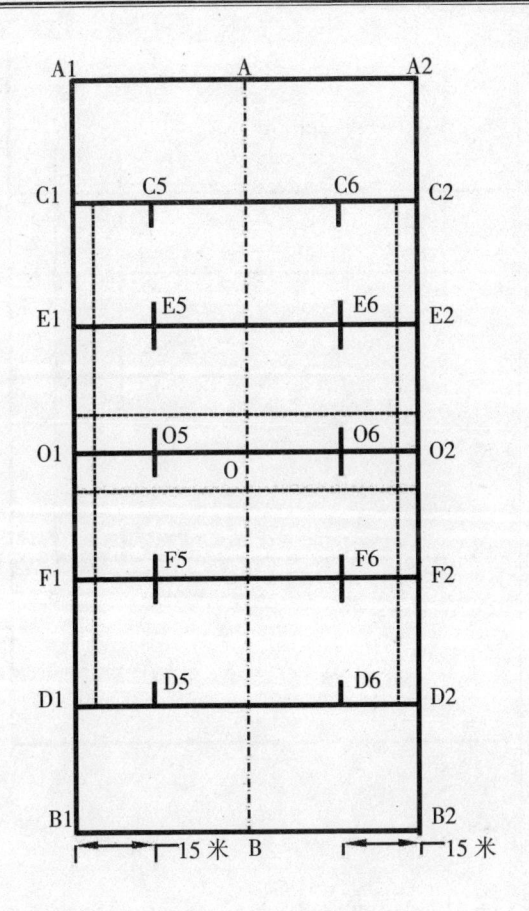

● 15米线：分别从 O1、O2、C1、C2、D1、D2、E1、E2、F1、F2十点向场内量 15 米，得 O5、O6、C5、C6、D5、D6、E5、E6、F5、F6十点，通过此十点各做一条与原线垂直的短线，其中 O5、O6、E5、E6、F5、F6线段长 5~8 米（原线两侧距离相等）；C5、C6、D5、D6 线段长 2.50~4 米，画在阵线内。

● 取下纵轴线绳。

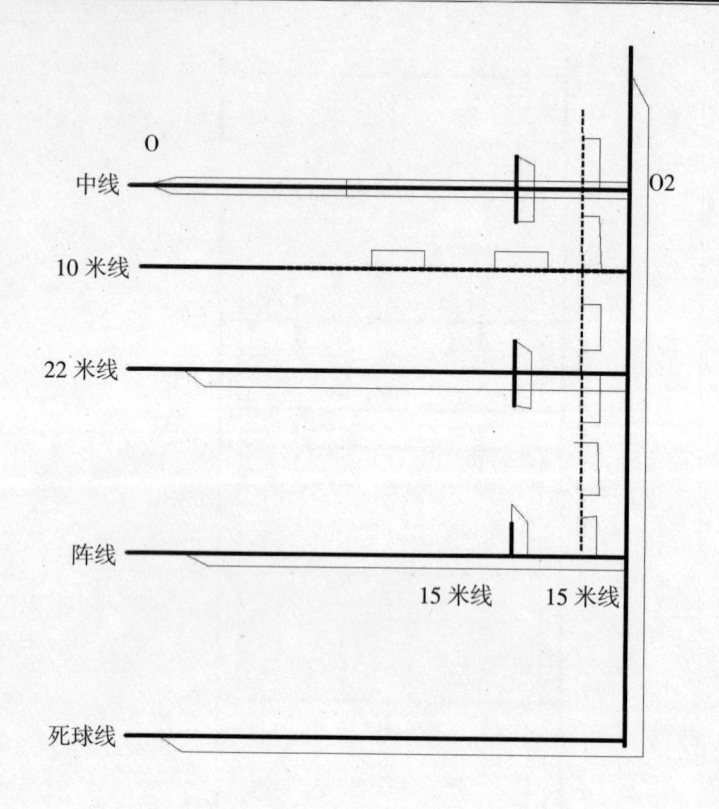

```
         O
中线 ━━━━━━━━━━━━━━━━━━━━━━ O2

10米线 ━━━━━━━━━━━━━━━━━━━━

22米线 ━━━━━━━━━━━━━━━━━━━━

阵线 ━━━━━━━━━━━━━━━━━━━━━━
                  15米线  15米线

死球线 ━━━━━━━━━━━━━━━━━━━━
```

画实线（10厘米宽）

- 长边线、死球线：沿线痕画在场地外侧。
- 阵线、22米线：沿线痕画在靠近死球线侧。
- 中线：压着线痕画，线痕两侧宽度相等。
- 10米线：沿（虚）线痕画在靠近 O 点一侧。
- 5米线、15米线：沿（虚）线痕画在靠近边线一侧。

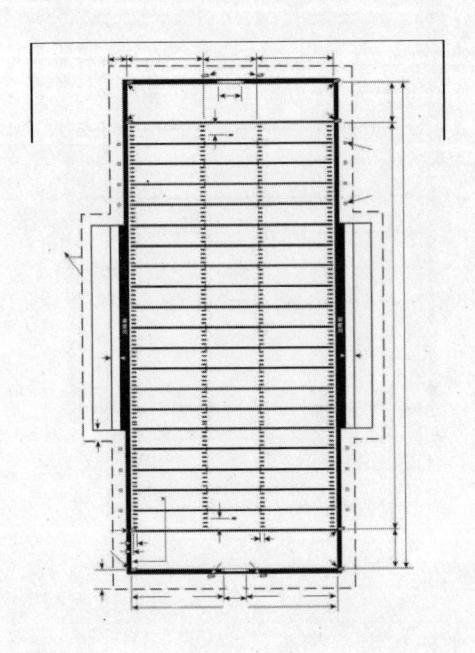

美式橄榄球场

体育场地简易测画法

必备条件

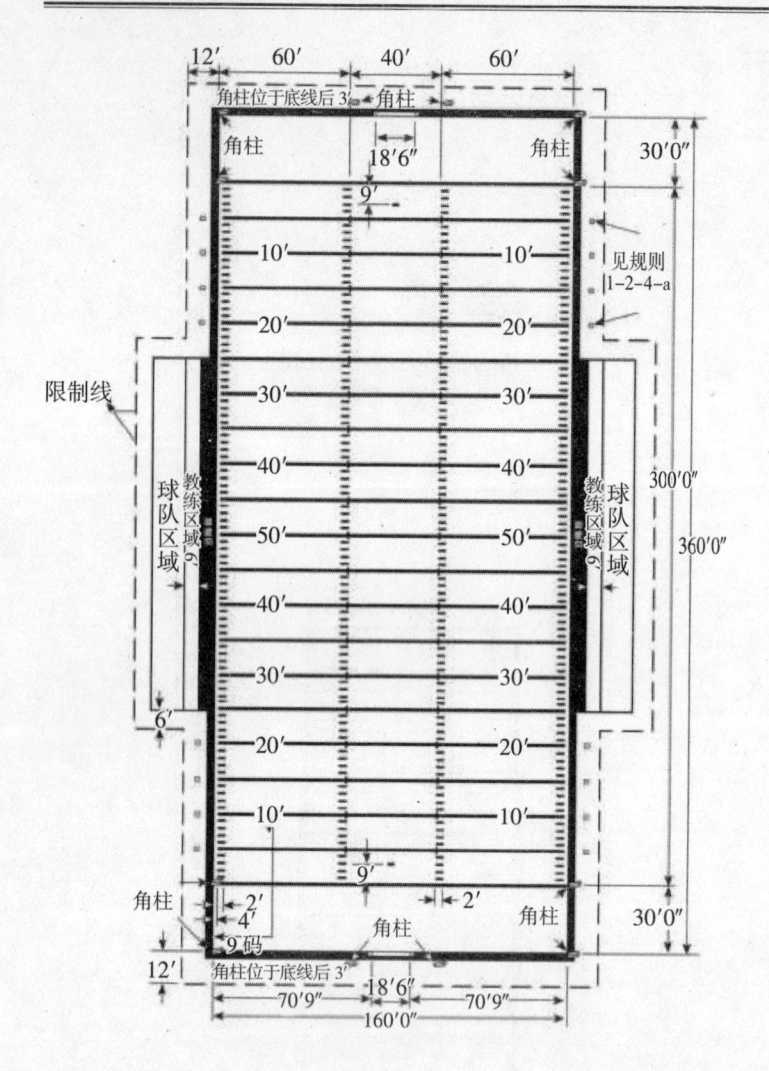

● 美式橄榄球度量衡采用英制，国内测画场地时可以用"米"作单位，1码（yard）=3英尺=0.9144米、1英尺（foot）

美式橄榄球场

=12英寸（inch）=0.3048米、1英寸=2.54厘米。

●美式橄榄球正式比赛场地长为120码（约110米）、宽为53.3码（约48米）的长方形，场地上方不能有障碍物，场地周围至少有5米的无障碍区，以免发生危险。

●地面要求平坦，草地和人造草坪均可。如果是草地，则要求土地软硬适度，保持一定潮湿度，场地上不能有明显土块、石块、碎玻璃等物质。可在现成的足球场地上测画。

●场地两端各设一个球门，为确保安全，无论是可移动球门或是固定球门，使用时必须牢牢地固定在端线上。

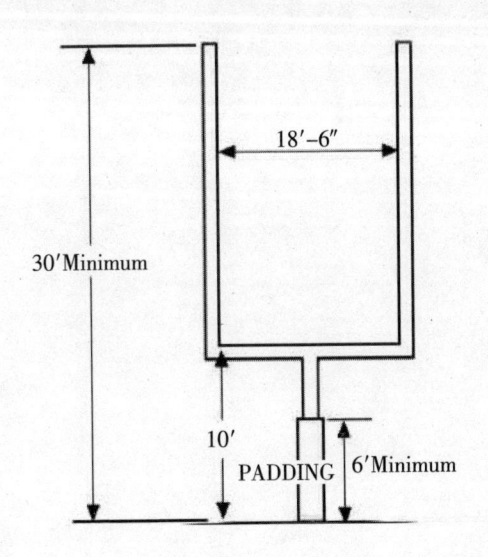

●球门颜色通常是黄色或白色。球门横梁距地面10英尺（约3米），支撑立柱上至少要包裹6英尺（约1.80米）高度的保护垫。球门两侧立杆高度为20英尺（约6米），相距18英尺6英寸（约5.55米）。

- 如果球门立在足球场上，可立在足球门后部。
- 如发生雷电天气，应远离场地和球门。

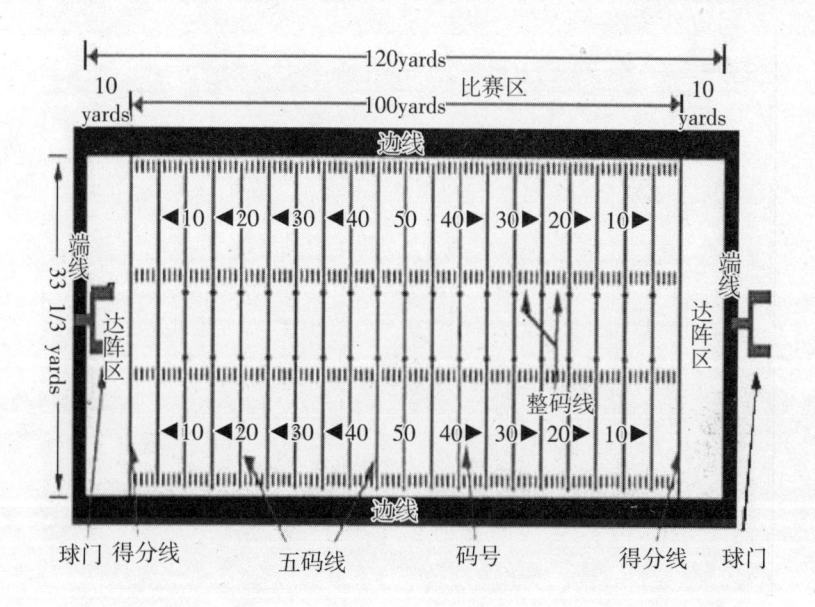

美式橄榄球场

- 美式橄榄球比赛场地长 120 码、宽 53.30 码。长边为边线（sideline），短边为端线（endline）。两条端线向场内 10 码处为两条得分线（goal line）。两条得分线相距 100 码，称为比赛区。端线和得分线之间的区域称为端区或阵区（end zone）。100 码的比赛区中线为 50 码线。从中线分别向两侧端区每隔 5 码画一条白线，在 40、30、20、10 码线上都有白色数字表示，并且有箭头符号。

- 在比赛区内，每条 5 码线和 10 码线上，相距两个边线 24 码（NFL 职业比赛场地标准）或 20 码处（大学生比赛场地标准）分别有两条平行于边线的线段，称为界内线（inbound lines）。

- 在整 10 码线之间，每隔 1 码，从界内线往其最近的边线画一条 2 英尺（约 0.60 米）长的短线，叫整码线（hash marks）。

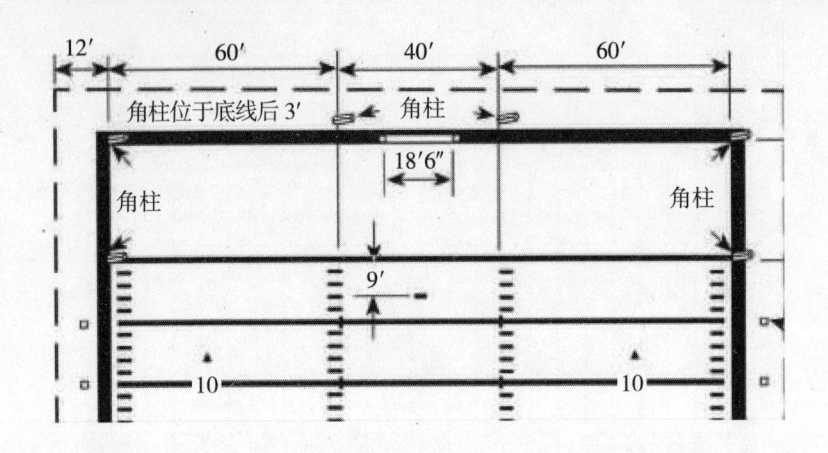

●从两端的两条得分线分别向内 2 码处（NFL 职业联赛场地是 2 码，大学生比赛场地是 3 码），画两条 2 英尺的（约 0.60 米）白色线段，叫踢球线。

●边线码线：在两条得分线之间 100 码的区域内，从边线处向内画一条平行端线的 2 英尺线段。全场共 160 个码线。由于码线数量较多，简易美式橄榄球场地可以不用画码线。

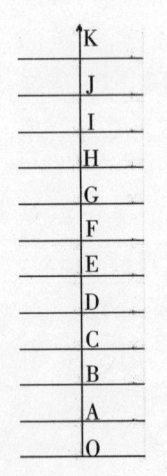

●纵轴线：用一条 110 米长的线绳，沿空地较长方向居中拉直，固定在地面上，为场地的纵轴线。

●选择纵轴线中点为 O 点，然后 5 码为一个单位，确定 A、B、C、D、E、F、G、H、I、J、K 点。

●阵区线长度：JK=10 码。

●另一端画法相同，5 码为一个单位，确定 A、B、C、D、E、F、G、H、I、J、K 点。

●阵区线长度：JK=10 码。

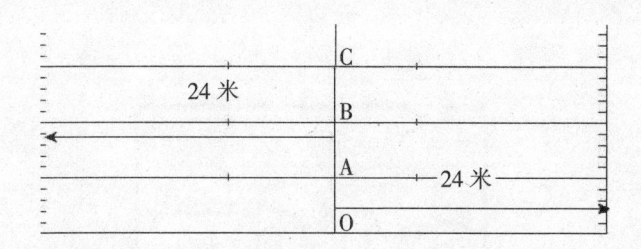

画实线（10厘米宽）

所有线条为 10 厘米宽，天然草可采用石灰粉、划线车，人造草地可使用宽胶带。

● 边线：分别从 O、A、B、C、D、E、F、G、H、I、J、K 点向左侧、右侧各测量出 24 米点处做标记，将所有的标记点连成直线。

● 另一端画法相同，分别从 A、B、C、D、E、F、G、H、I、J、K 向左、右各测量 24 米做标记，将所有标记连成直线。

● 界内线码线：从中轴线 OA 上每隔 1 码，向左右两侧各测量 20 英尺（约 6 米）做标记点。每隔 5 码左右两侧各 8 个标志点，因此在半场区域内，左侧为 40 个标志点，右侧为 40 个标志点。

从每个标志点向外侧画一条平行于端线的 2 英尺（约 0.60 米）的线段。全场共 160 个码线。

● 场地是否画数字、箭头、码线可根据具体情况和器材决定。每 10 码线，画一个数字和箭头。箭头分别指向两侧端线，数字底部分别指向两侧边线。数字的长和宽分别是 6 英尺（约 1.80 米）和 4 英尺（约 1.20 米）。50 码线处不用标记箭头。

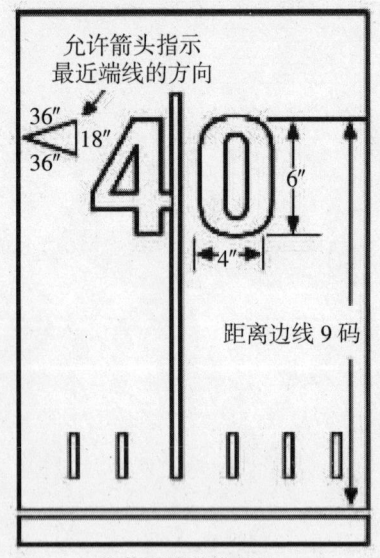

推荐码线数字标注

● 数字的高度和宽度为 6 英尺和 4 英尺，数字顶部距边线 9 码。画数字时可采用镂空模具。

曲棍球场

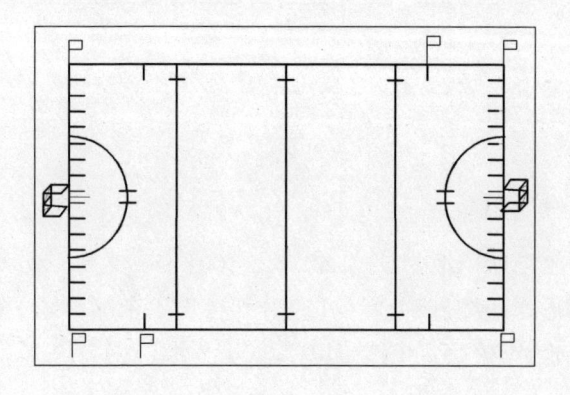

必备条件

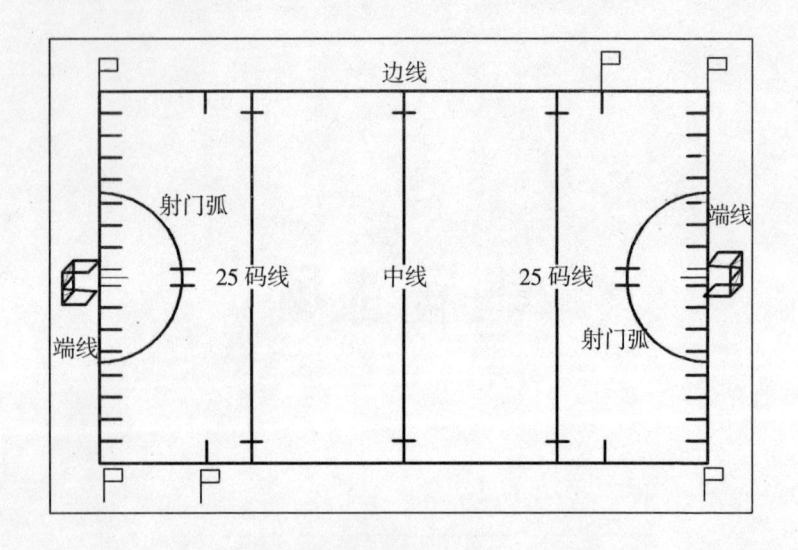

●曲棍球场地为长 91.40 米（100 码）、宽 55 米（60 码）的长方形。端线外和边线外应分别留出 5 米和 4 米的缓冲地带。场地上空的无障碍空间不得低于 5 米。

●场地的地面为土质、天然草坪和人造草坪等，地面必须平坦和水平。

●球门高 2.14 米、宽 3.66 米。可用木质、金属或其他适宜材料制成。球门必须牢固地置于地面，以确保安全。

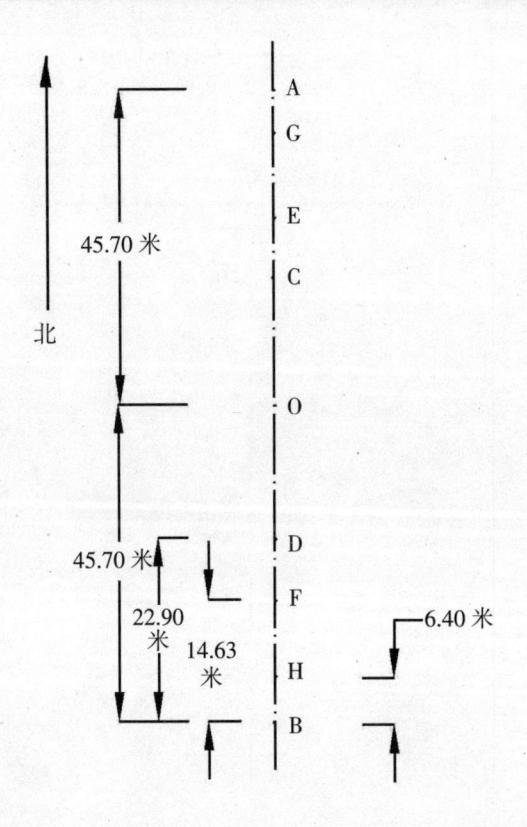

画线痕

● 纵轴线：用一条长约 95 米的线绳，在空地中间沿较长（最好是南北）方向拉直，固定在地上即可。

● 确定纵轴线中点为 O 点，然后依次确定 A、B、C、D、E、F、G、H 八点。具体数据如下：OA=OB=45.70 米；AC=BD=22.90 米；AE=BF=14.63 米；AG=BH=6.40 米。

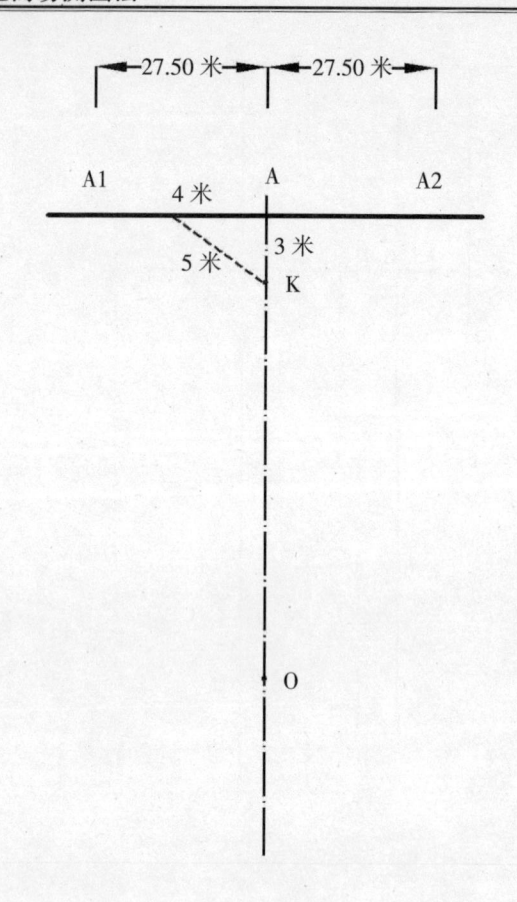

●端线：从 A 点向 O 点方向量 3 米得 K 点，以 K 点为圆心，以 5 米为半径在 A 点两侧画弧；再以 A 点为圆心，以 4 米为半径分别在 A 点两侧画弧与前两弧相交。画直线连接两交点并延长，在 A 点两侧各量 27.50 米，分别得 A1、A2 两点，连接 A1A2，为端线。

●另一端画法相同。

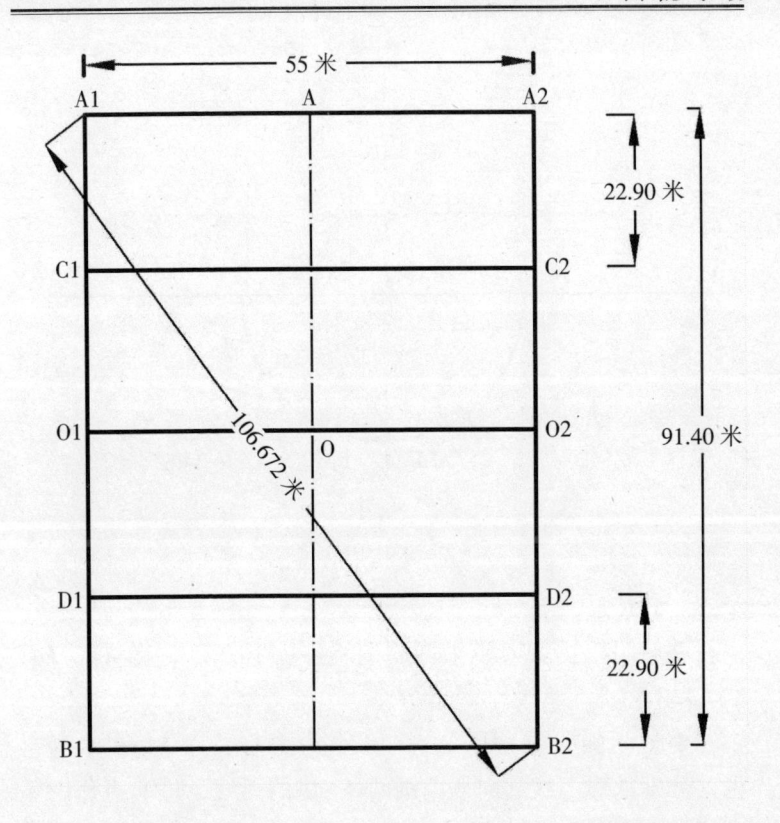

● 边线：连接 A1B1 和 A2B2，为边线。A1B1=A2B2=91.40 米。

● 中线：分别取 A1B1 和 A2B2 的中点 O1、O2 连接即可，O1O2=55 米。

● 检验方法：量对角线，A1B2=A2B1=106.672 米。

● 25 码线：分别从 A1、A2 沿边线向中线量 22.90 米（25 码），得 C1、C2 点，连接即可。

● 另一端画法相同。

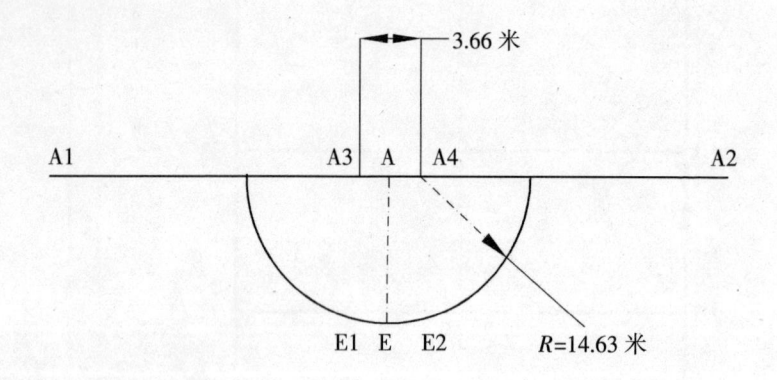

```
                    |← 3.66 米
        A1       A3  A   A4           A2
         ─────────┼───┼───┼──────────────
                    \     |     /
                     \    |    /
                      \   |   / R=14.63 米
                       \  |  /
                        E1 E E2
```

●球门线：从 A 点沿两侧端线各量 1.83 米，得 A3、A4，A3A4=3.66 米。

●射门弧：分别以 A3、A4 点为圆心，以 14.63 米为半径，分别从球门线起向场内画两条 90°的弧线，过 E 点作一条直线分别与该两弧相切于 E1、E2 点。射门弧=弧 A3+弧 A4+线段 E1E2。检验：E1E2=3.66 米。

●另一端画法相同。

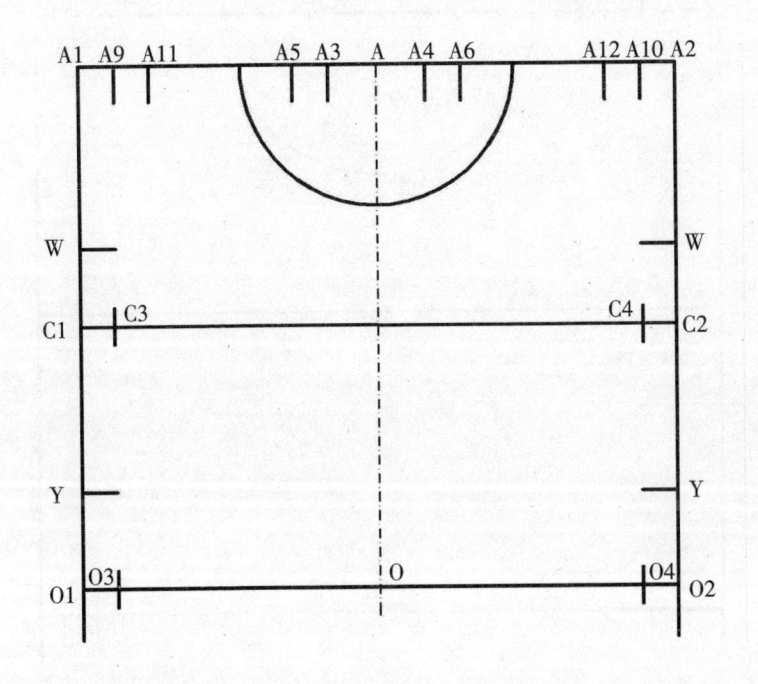

各标志线

●在端线上画六条长 30 厘米且垂直于端线的线段，A3A5=A4A6=A1A9=A2A10=4.55 米，A3A11=A4A12=9.14 米。

●在中线和两条 25 码线上各画两条长 30 厘米、垂直于本线的线段，C1C3=C2C4=O1O3=O2O4=4.55 米（5 码）。

●在半场边线上各画两条长 30 厘米、垂直于本线的线段，A1W=A2W=C1Y=C2Y=14.63 米。

●另一端画法相同。

R=7.50 厘米

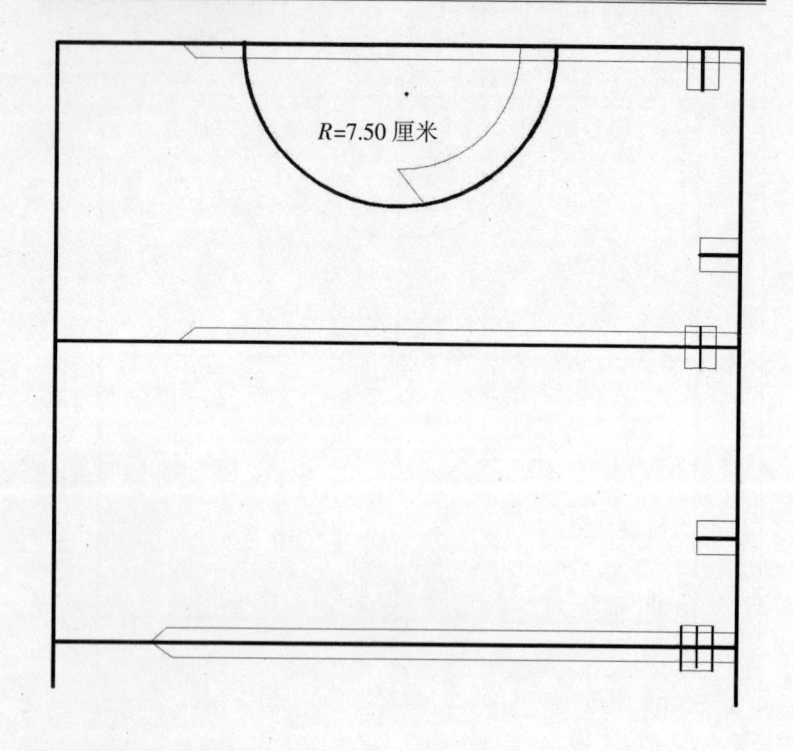

画实线（7.50 厘米）

- 边线、端线：沿线痕画在场区内。
- 中线：骑线痕画即可，两边线宽各一半。
- 射门弧：沿射门弧线痕画在射门区内。
- 25 码线：沿线痕画在近端线侧即可。
- 罚球点：分别以 G、H 为圆心，以 7.50 厘米为半径画圆即可。
- 各标志线：骑线痕画。

门球场

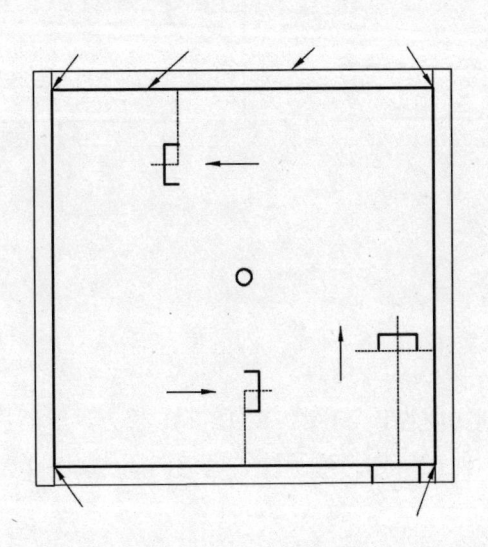

图中标注：第3角、比赛线、限制线、第2角、第2门、中柱、第1门、第3门、起始线、第4角、第1角

必备条件

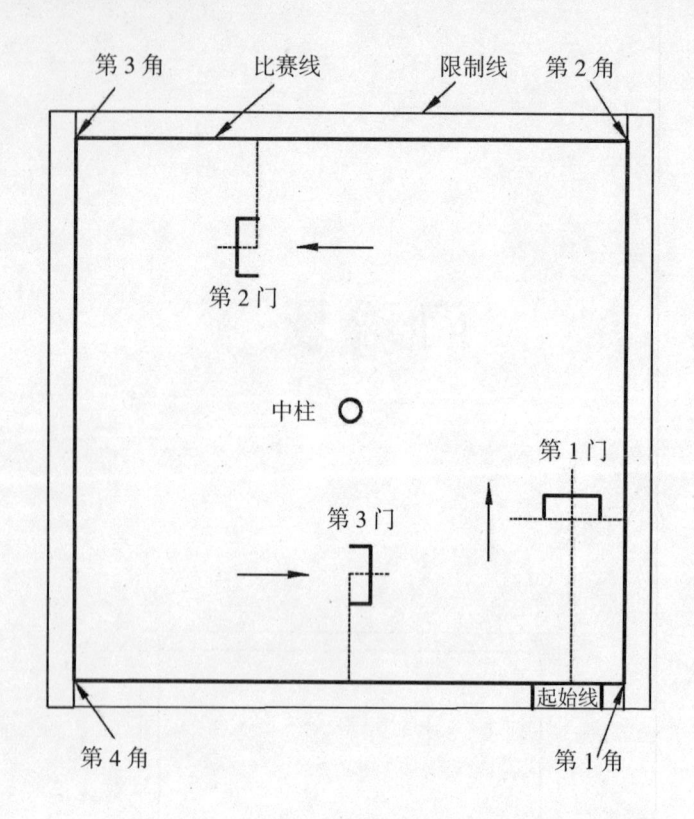

●门球场地为长20米、宽15米的长方形，四周内连线称为比赛线，外连线称为限制线。场地四周为0.5~1米的无障碍区。

●场地的地面为略带沙质的土场、天然草坪和人造草坪等，地面必须平坦和水平。

●球门用金属材料制成，必须牢固地钉入地下。

门球场

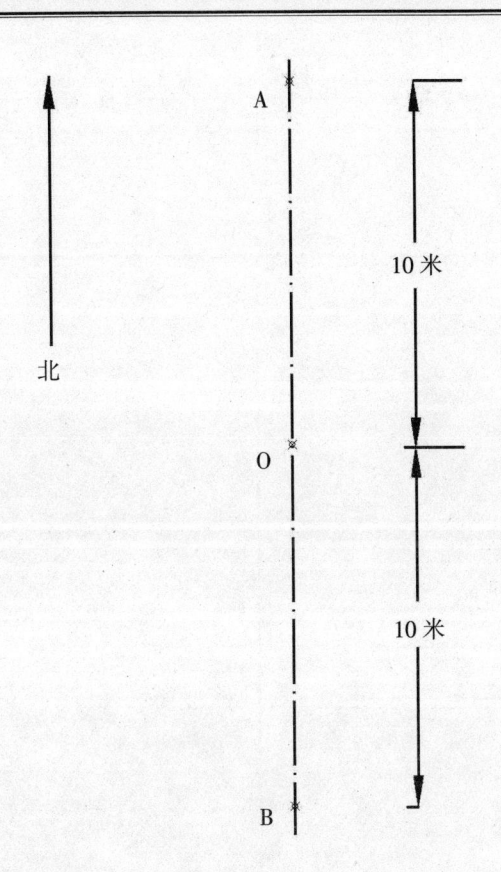

画线痕（20米×15米）

●纵轴线：用一条长约28米的线绳，在空地中间沿较长（最好是南北）方向拉直，固定在地上即可。

●首先确定纵轴线中点（即全场中点）为O点，然后依次确定A、B两点，OA=OB=10米。

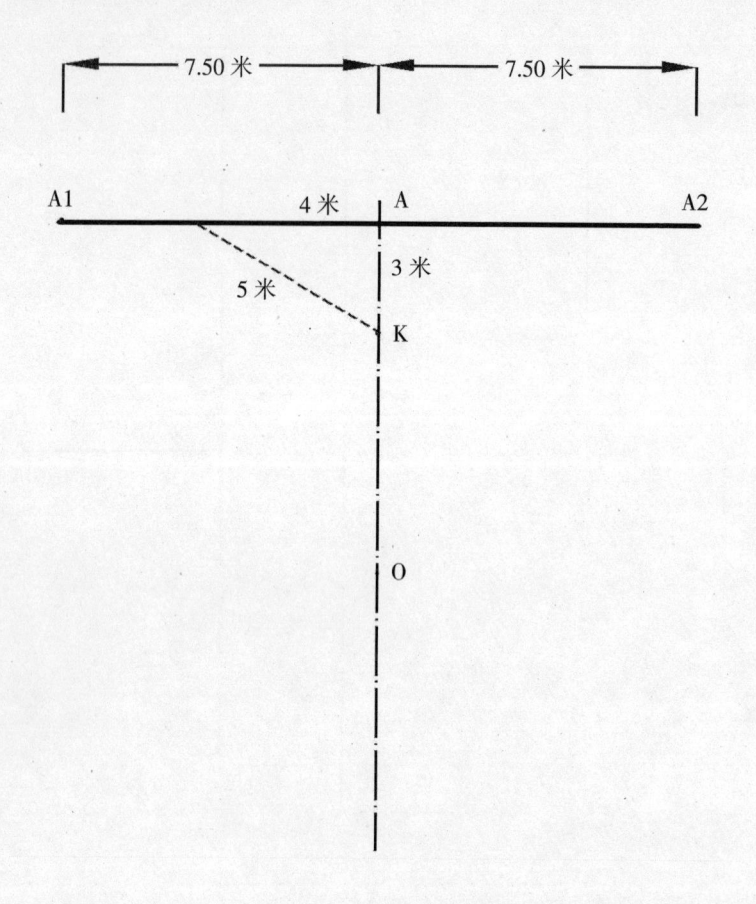

● 短端界线：从 A 点向 O 点方向量 3 米得 K 点，以 K 点为圆心，以 5 米为半径在 A 点两侧画弧；再以 A 点为圆心，以 4 米为半径分别在 A 点两侧画弧与前两弧相交，画直线连接两交点并延长，从 A 点向两侧各量 7.50 米，得 A1、A2 两点。

● 另一端画法相同。

门球场

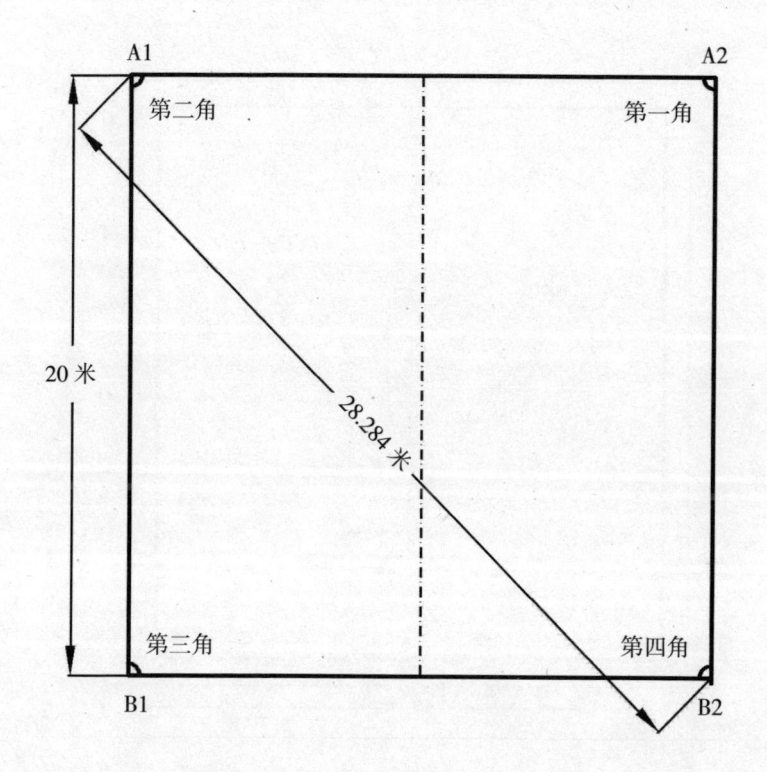

```
        A1                              A2
         ┌──第二角──────┊──────第一角──┐
         │                              │
  20米   │          28.284米            │
         │                              │
         │                              │
         └──第三角──────┊──────第四角──┘
        B1                              B2
```

●长端界线:连接 A1B1 和 A2B2 可得到边线,A1B1=A2B2=20 米。

●场角:场地长线右端的内角为第一角 A2,其余按逆时针记为:第二角 A1;第三角 B1;第四角 B2。

●检验方法:量对角线,A1B2=A2B1=28.284 米。

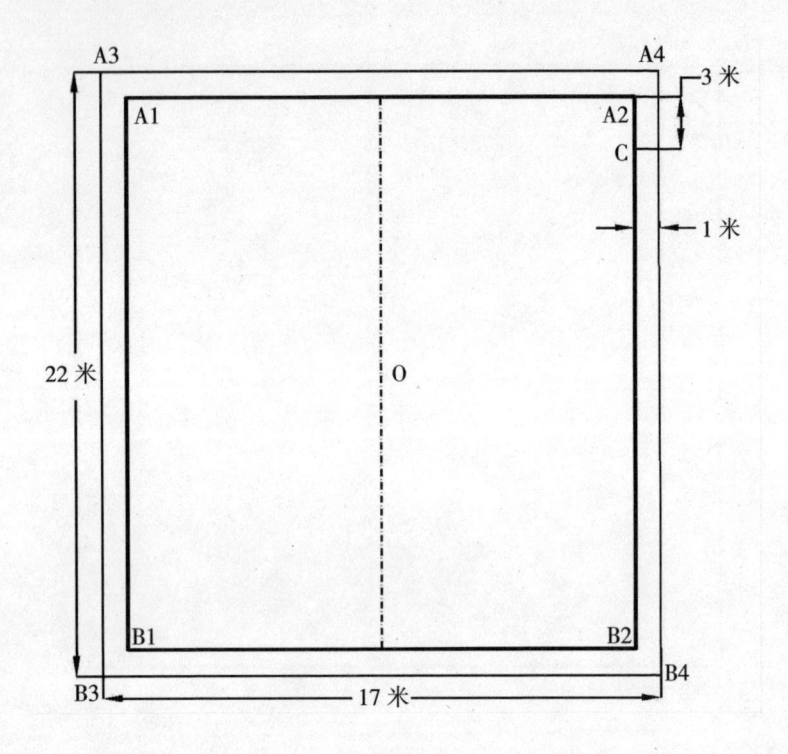

●限制线：分别在界线 A1A2、B1B2、A1B1、A2B2 两端的延长线上 1 米处，连接并分别相交于 A3、A4、B3、B4 点即可。A3A4=B3B4=17 米，A3B3=A4B4=22 米。

●开球区：从 A2 向 B2 方向量 3 米得 C 点，A2C=3 米。

门球场

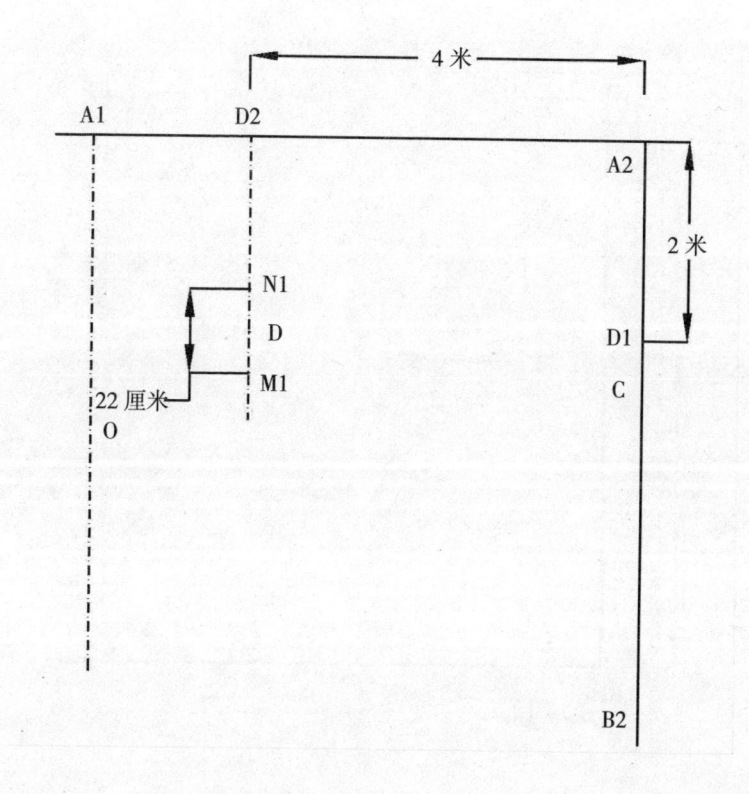

●第1门线：从A2向B2方向量2米得D1点，从A2向A1量4米得D2点。分别以D1、D2为圆心，以4米和2米为半径向场内画弧交于D点，D点为第1球门线的中心点。连接DD2并向场内延长，在D点两端各截取11厘米得线段M1N1即可。M1N1=22厘米。

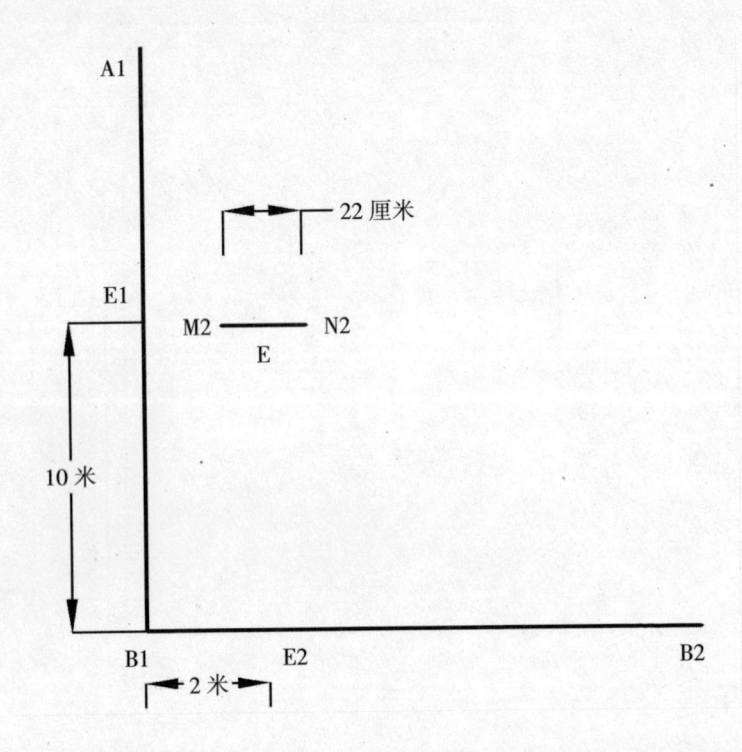

体育场地简易测画法

●第 2 门线：从 B1 向 A1 方向量 10 米得 E1 点，从 B1 向 B2 方向量 2 米得 E2 点。分别以 E1、E2 点为圆心，以 2 米和 10 米为半径向场内画弧交于 E 点，则 E 点为第 2 球门线的中心点。连接 EE1 并向场内延长。在 E 点两端各截取 11 厘米得线段 M2N2 即可，M2N2=22 厘米。

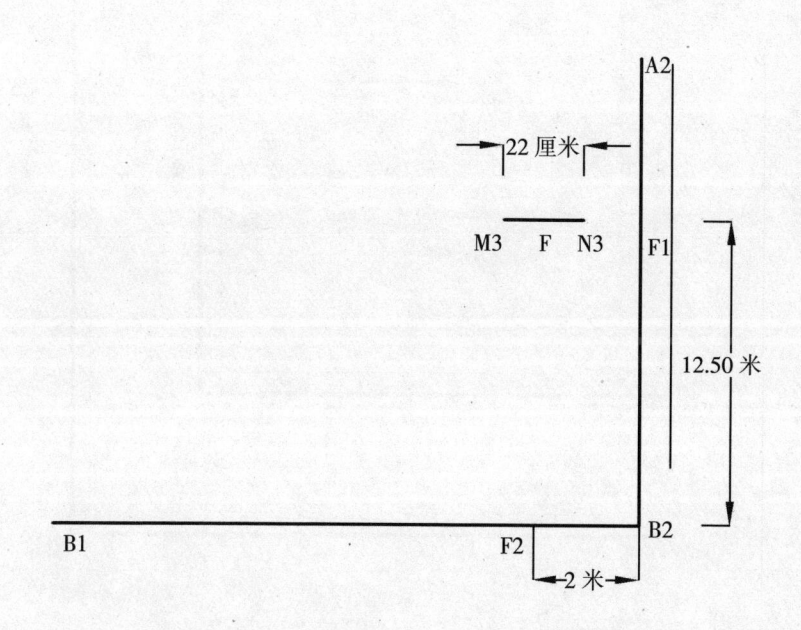

门球场

●第3门线：从 B2 向 A2 量 12.50 米得 F1 点，从 B2 向 B1 量 2 米得 F2 点。分别以 F1、F2 点为圆心，以 2 米和 12.50 米为半径向场内画弧交于 F 点，F 点为第 3 球门线的中心点。连接 FF1 并向场内延长，在 F 点两端各截取 11 厘米得线段 M3N3 即可。M3N3=22 厘米。

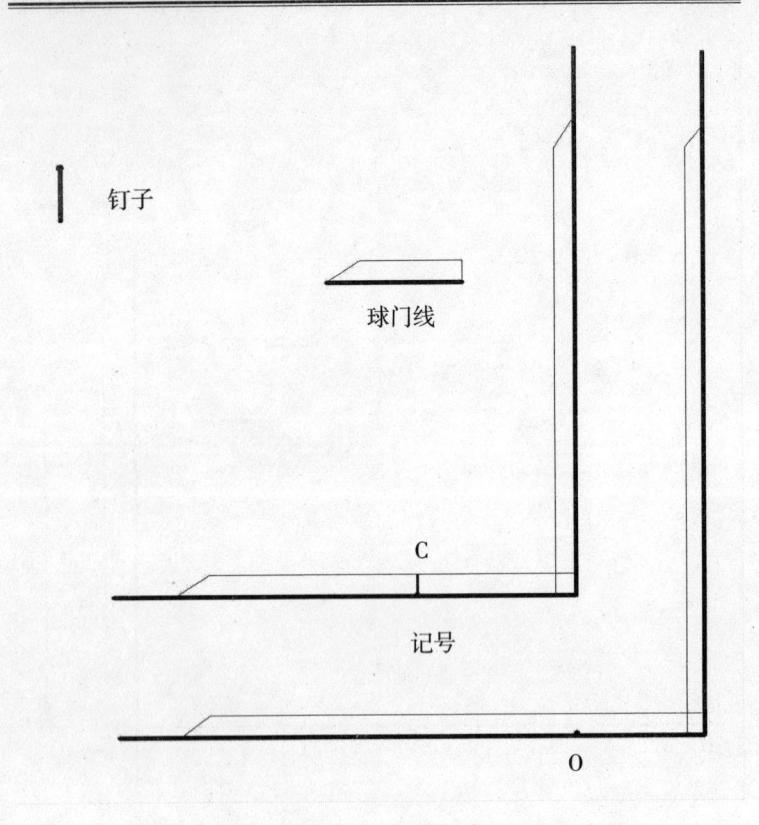

画实线（2厘米宽）

- 界线、限制线：沿线痕画在场区内。
- 中柱：在 O 点将一根高 20 厘米（从地面算起）、直径 2 厘米的铁钉或铁柱钉入。
- 起始线：在 C 点做明显的记号。
- 球门线：沿线画在远离起始线侧，线宽 1 厘米。

地掷球场

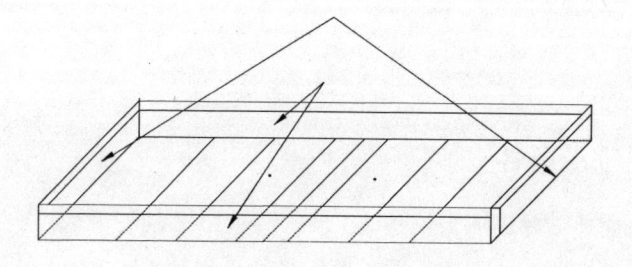

端围板（高 25 厘米）

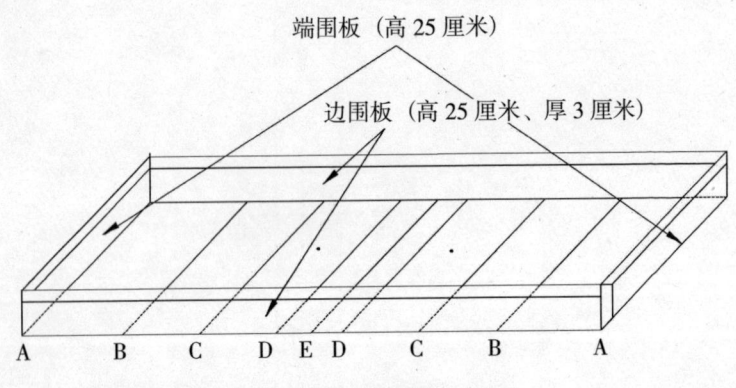

边围板（高 25 厘米、厚 3 厘米）

A　B　C　D　E　D　C　B　A

场地周围围板内缘与场地的外沿线垂直吻合

必备条件

● 地掷球场地为长 26.50 米、宽 4.50 米的长方形。
● 场地的地面为土质，地面必须平坦和水平。
● 球场四周由围板围成，围板可由木制或其他非金属材料制成，高度为 25±2 厘米。

地掷球场

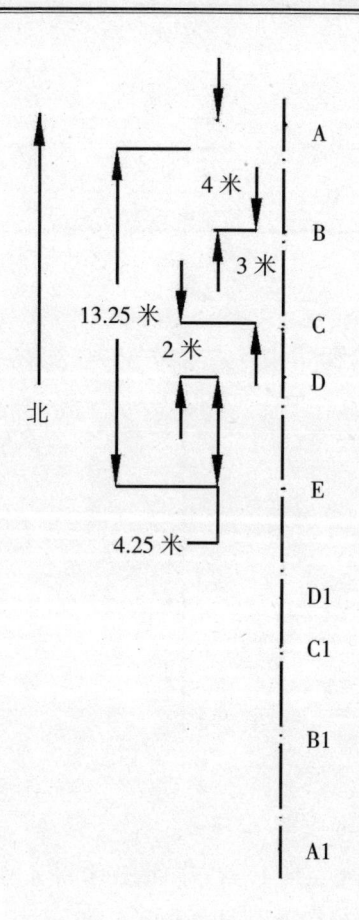

画线痕

● 纵轴线：用一条长约 28 米的线绳，在空地中间沿较长（最好是南北）方向拉直，固定在地上即可。

● 首先确定纵轴线中点为 E 点，然后依次确定 A、A1、B、B1、C、C1、D、D1 八点。具体数据如下：AE=13.25 米；AB=4 米；BC=3 米；CD=2 米。

129

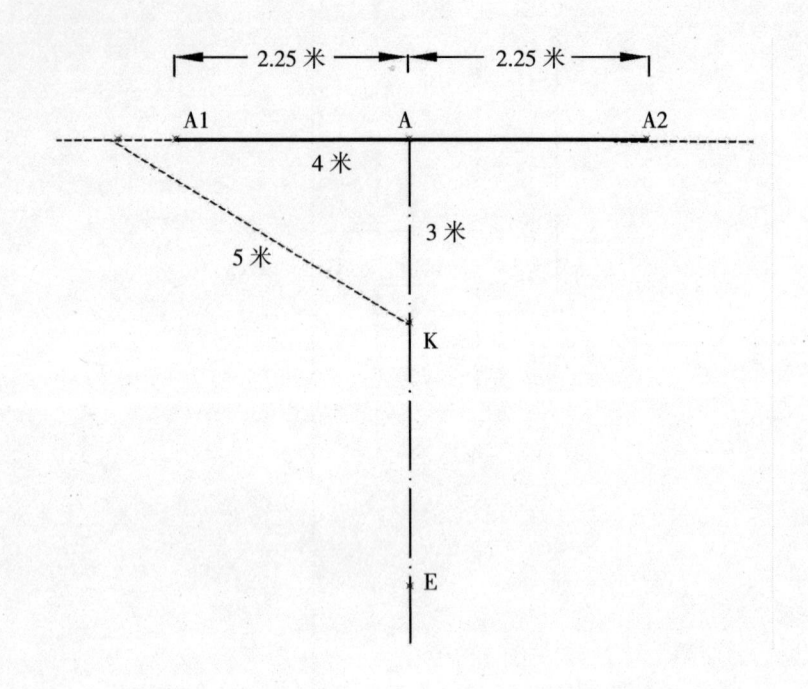

●A线：从A点向E点方向量3米得K点，以K点为圆心，以5米为半径在A点两侧画弧；再以A点为圆心，以4米为半径分别在A点两侧画弧与前两弧相交，画直线连接两交点；在A点两侧各量2.25米，分别得A1、A2两点。

●另一端画法相同，底线亦称为A线。

地掷球场

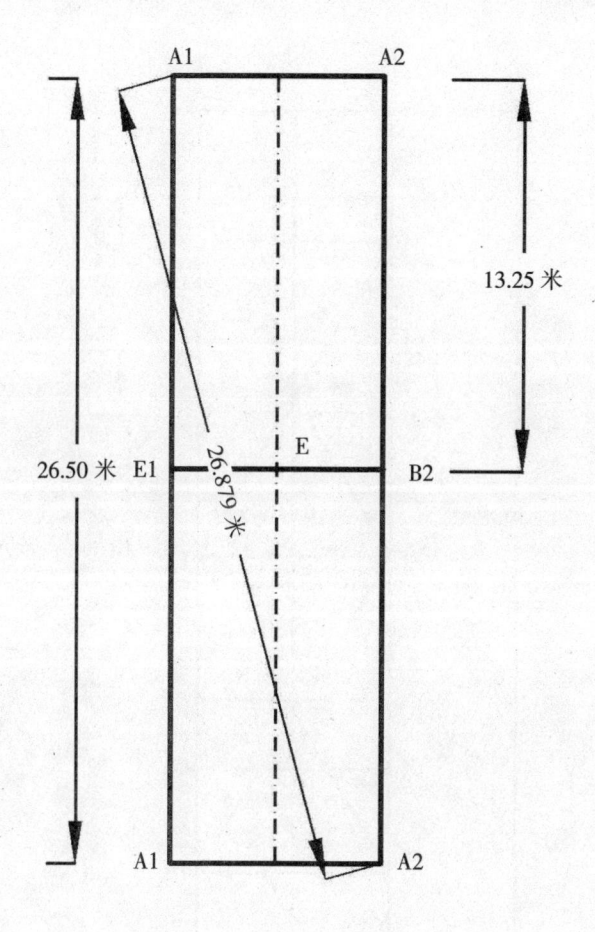

- 边线：连接 A1A1 和 A2A2 可得到边线。A1A1=A2A2=26.50 米。
- 检验方法：对角线 A1A2=A2A1=26.879 米。
- E 线：分别取两边线的中点（距 A 线 13.25 米处）连接为中线，亦称 E 线。

体育场地简易测画法

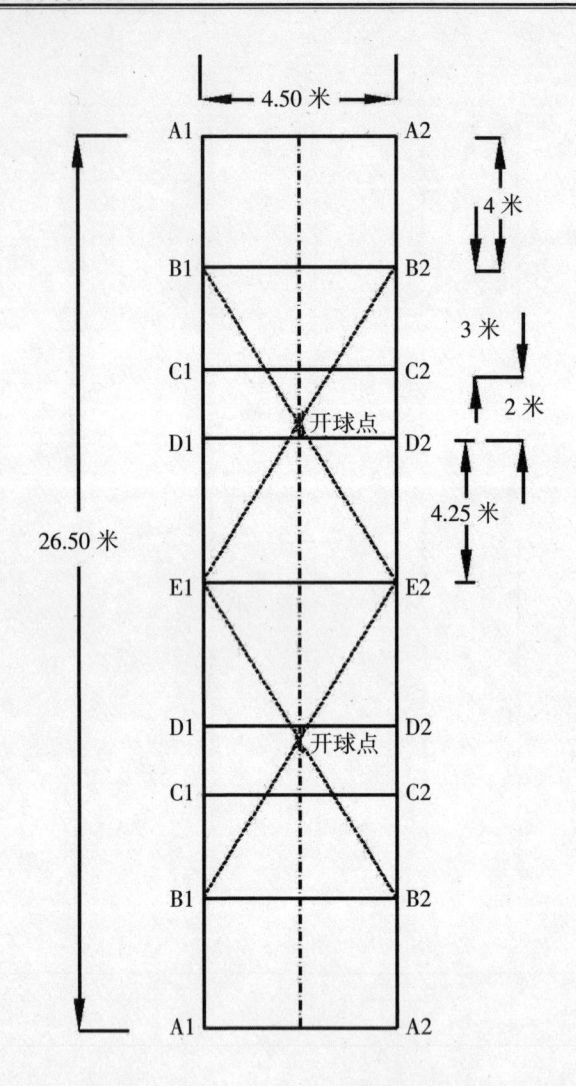

[图示：场地测量图，标注 4.50米、4米、3米、2米、4.25米、26.50米，各点 A1、A2、B1、B2、C1、C2、D1、D2、E1、E2、开球点]

● B 线：分别从 A1、A2 沿边线向 E1、E2 点量 4 米，得 B1、B2，连接即可。

●C 线：分别从 B1、B2 沿边线向 E1、E2 点量 3 米，得 C1、C2，连接即可。

●D 线：分别从 C1、C2 沿边线向 E1、E2 点量 2 米，得 D1、D2，连接即可。

●开球点：分别连接 E1B2、E2B1 得交叉点，即为开球点。

●取下纵轴线绳。

E 线

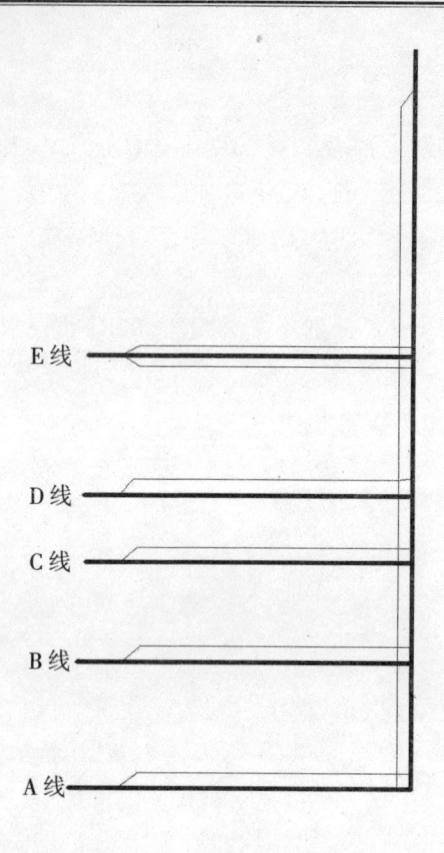

D 线

C 线

B 线

A 线

画实线（0.5厘米宽）

- A 线、边线：沿线痕画在场区内。
- E 线：骑线痕画。
- B、C、D 线：沿线痕画在靠近 D 线的场区内。

棒球场

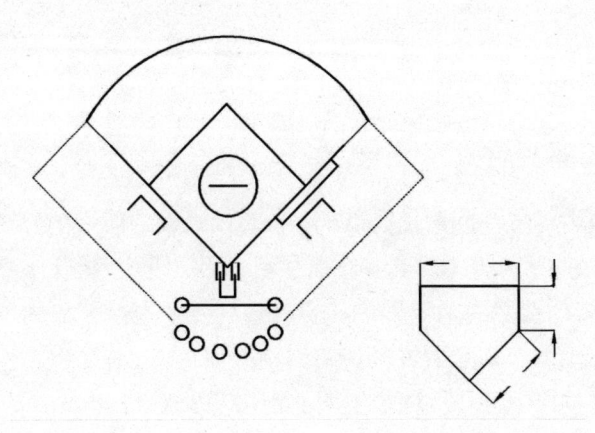

必备条件

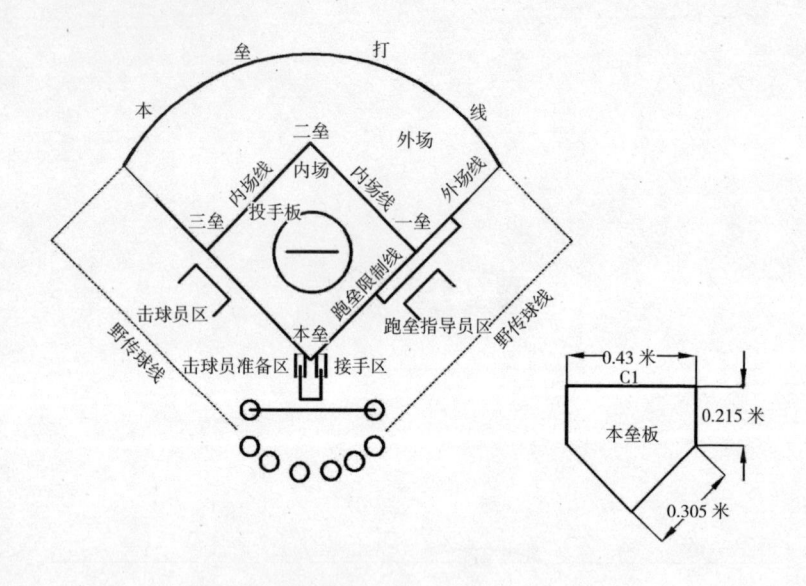

● 内场各垒间距离为 27.43 米。投手板的前沿中心至本垒板尖角的距离为 18.44 米。本垒后面和两条边线以外不少于 18.29 米的范围内为界外的比赛有效区。从本垒至界内地区的围墙、围网、观众席或其他障碍物必须在 76.20 米以上。本垒经二垒伸向中外场围墙或围网的距离不少于 125 米。

● 场地为土质加草皮，必须平整。

● 本垒板：用白色橡胶、塑料或木板制作，呈五边形，本垒尖角为 90°，尖角的两边各长 0.305 米，钝角的边长 0.215 米，90°角对面的边长 0.43 米。本垒尖角位于本垒与一垒和本垒与三垒两边线的汇合处，必须埋入地下，与地面相平。可用长钉固定，必须防止板边、钉帽等物碰伤运动员。

画线痕

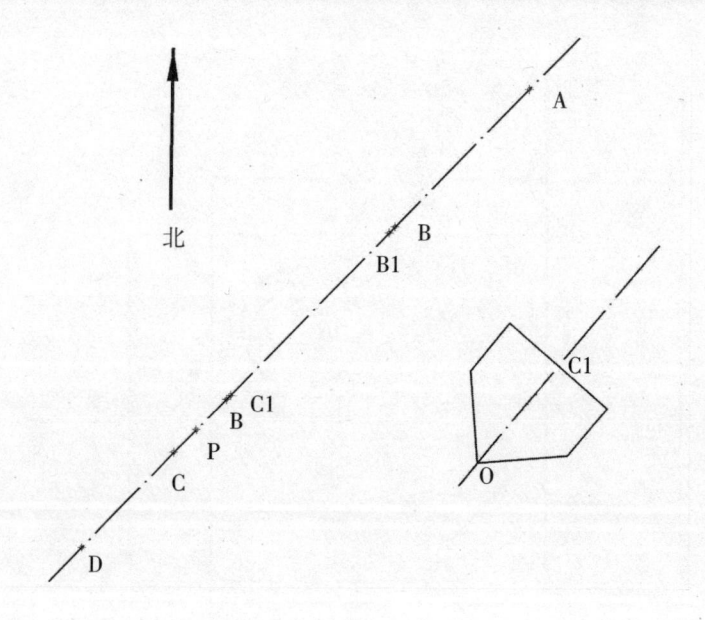

●纵轴线：用一条长约 125 米的线绳，在空地中间沿较长（最好是西南偏北向东北偏南）方向拉直，固定在地上即可。

●首先确定 O、A、B、C、D、P、B1、C1 八点。距纵轴线的一端（西南偏北端）18.29 米处为 O 点（本垒尖角）；A 点（二垒中心点），OA=38.79 米；B 点（投手板的前沿中心点），OB=18.44 米；B1（投手区中心点），OB1=17.985 米；C 点（击球员准备区中点），OC=3.96 米；C1 点（本垒尖角对应边的中点），OC1=0.43 米；D 点（后挡网中点），OD=18.29 米；P 点（接手区外线中点），OP=2.44 米。

●本垒：将 90°角尖（本垒尖）置于点 O 处，并使 90°角对应边的中点置于 C1 点。

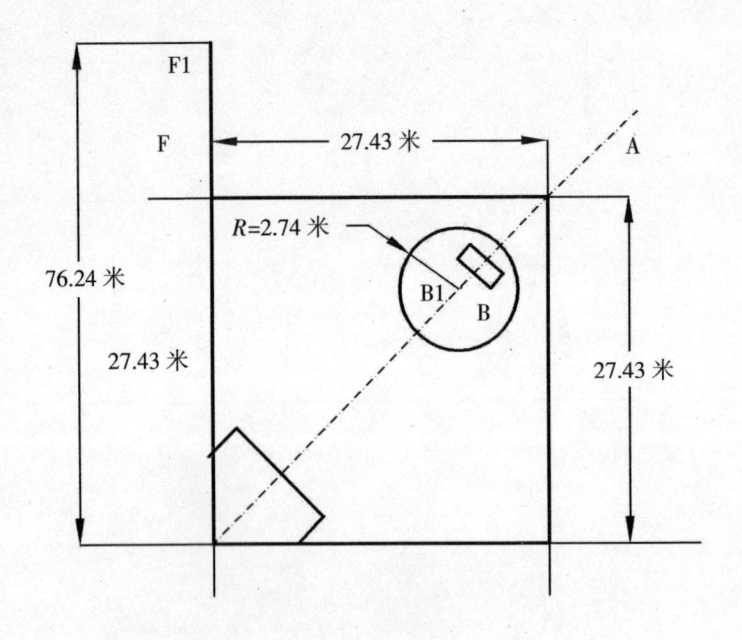

●二垒：A 点即为二垒的中心点。
●一垒：以 O 点为圆心，以 27.43 米为半径向纵轴线右侧画弧，再以 A 点为圆心，以 27.43 米为半径向纵轴线右侧画弧与前弧交于 E 点，E 点为一垒外角。
●三垒：同理可找出 F 点，F 点为三垒的外角。
●投手板：B 点为投手板的前沿中心点，投手板为 0.61 米×0.153 米的长方形，埋入地下，与地面平行。
●投手区：以 B1 为圆心，以 2.74 米为半径画圆即为投手区。投手区呈龟背形，高出地面 0.25 米。

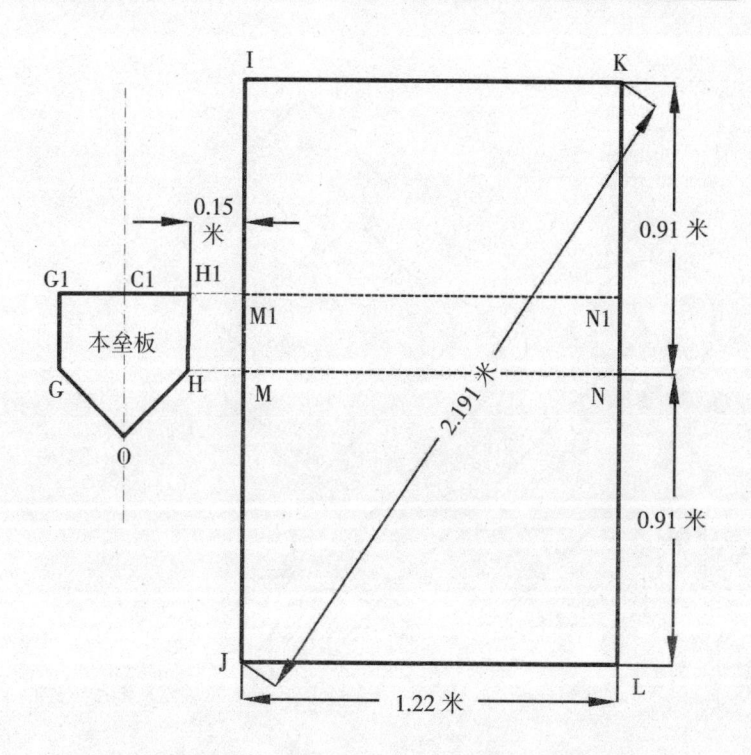

击球员区

● 长边：延长本垒两钝角连线 GH 和两直角连线 G1H1，HM=H1M1=0.15 米，MN=M1N1=1.22 米。分别连接 MM1、NN1 并延长，MI=MJ=NK=NL=0.91 米。

● 宽边：分别连接 IK、JL 即可。

● 检验方法：量对角线 IL=JK=2.191 米。

● 同样方法可画出本垒另一侧的击球员区。

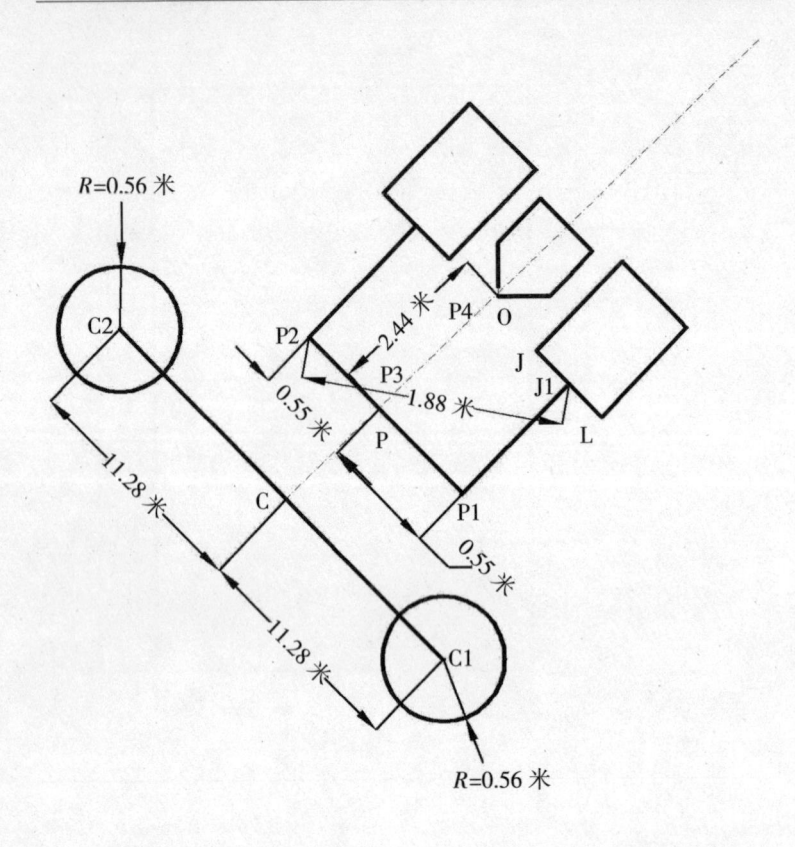

接手区

●做垂线：根据勾3、股4、弦5的直角三角形勾股弦定理，从P点向O点方向量30厘米得P3点，以P3点为圆心，以50厘米为半径在P点两侧画弧；再以P点为圆心，以40厘米为半径分别在P点两侧画弧与前两弧相交。连接两交点并延长使PP1=PP2=0.55米。

- 做边线：延长 LJ 与中轴线相交于 P4，P4J1=0.55 米，连接 P1J1 即可。另一侧画法相同。
- 检验方法：量对角线，J1P2=1.88 米。

击球员准备区（业余教学可不画）

- 做垂线：于 C 点做垂线，方法同 P 线，在 P 点两侧沿垂线 11.28 米处分别得 C1C2 点。
- 画圆：分别以 C1、C2 为圆心，以 0.56 米为半径画两个圆即为击球员准备区。

体育场地简易测画法

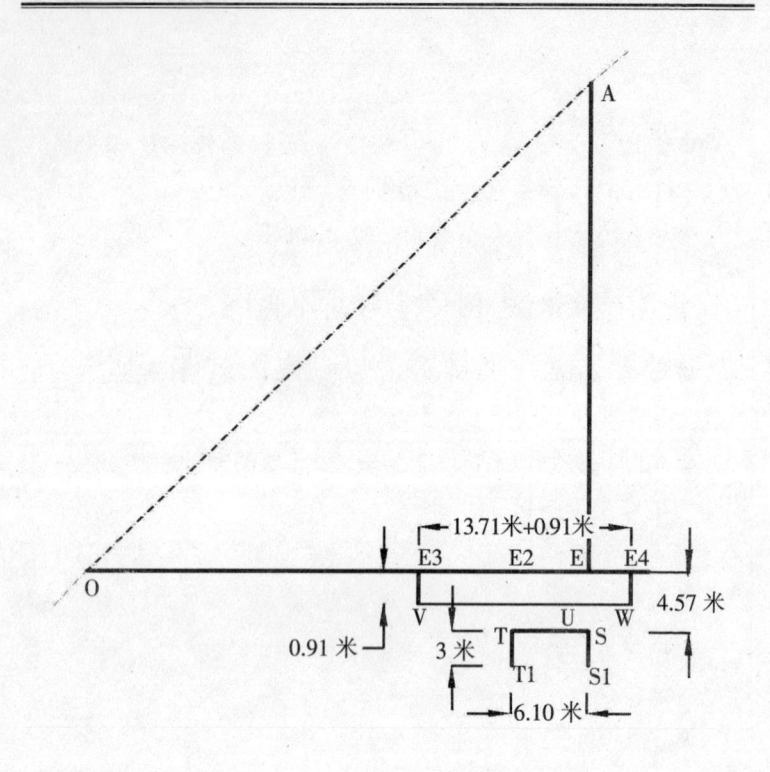

●跑垒指导员区（业余教学可不画）

延长 AE，使 ES=4.57 米、SS1=3 米、EE2=6.10 米。分别以 S、E2 为圆心，以 6.10 米和 4.57 米为半径，在 OE 外侧画弧交于 T，连接 ST，并延长 E2T，TT1=3 米。本垒和三垒连线外侧跑垒指导员区画法相同。

●跑垒限制线（业余教学可不画）

OE3=EE3=13.71 米、EE4=EU=E3V=0.91 米。连接 VU 并延长至 W，UW=0.91 米，再连接 E3V、E4W 即可。E3V、E4W 垂直于 OE。

棒球场

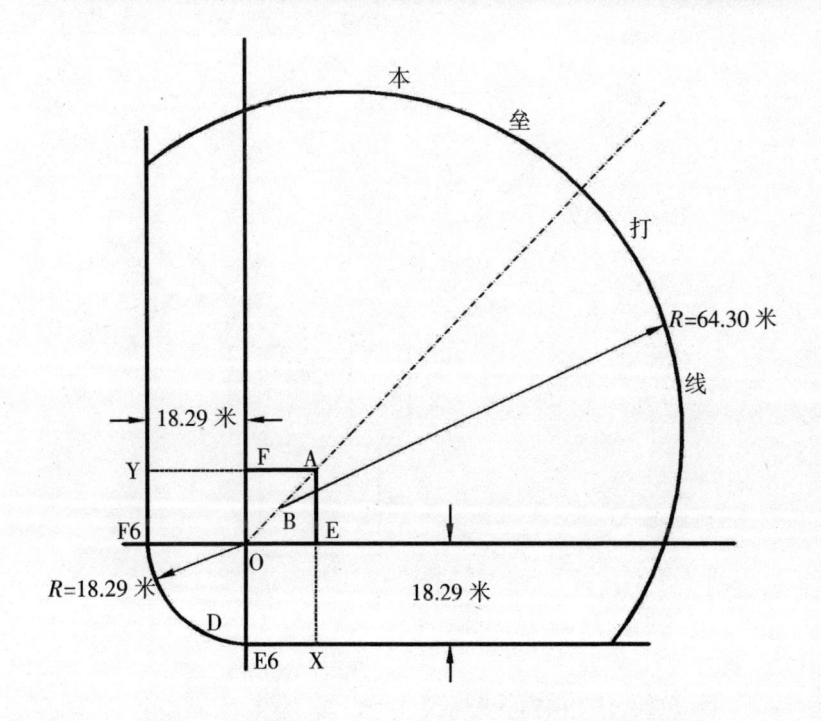

- 后挡网线：以 O 为圆心，以 18.29 米为半径画弧，分别与 EO 和 FO 的延长线相交于 E6、F6 两点，形成 90°角弧线，为后挡网线。
- 本垒打线：以 B 点为圆心，以 64.30 米为半径画弧交于两边线即可。
- 野传球线：延长 AE 和 AF 线，EX=FY=18.29 米。分别连接 E6X、F6Y 并延长至本垒打弧的延长弧即可。
- 取下纵轴线绳。

7.60 厘米线

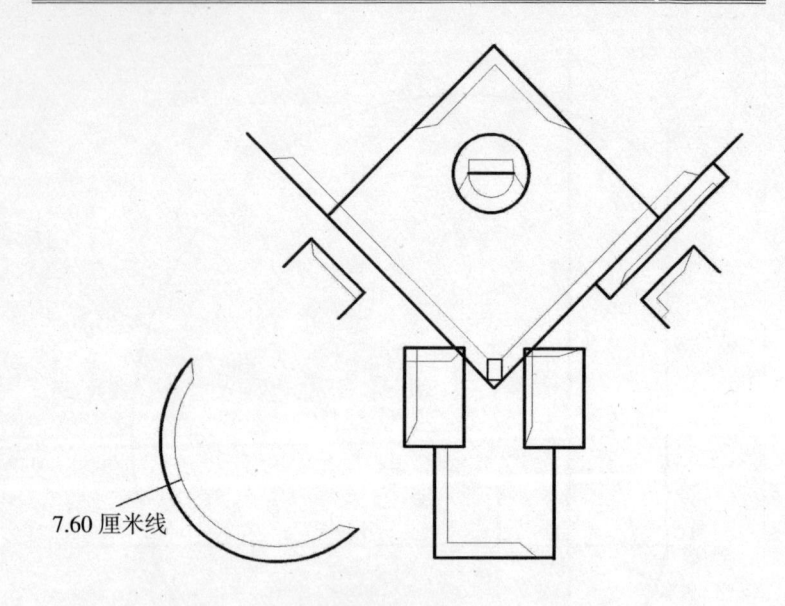

画实线（7.60 厘米宽）

- 边线、内场线：沿线痕画在场区内。
- 投手区、击球准备区、本垒打线：沿线痕画在区内。
- 击球区：沿线痕画在击球区内。
- 接手区：沿线痕画在接手区内。
- 跑垒指导员区：沿线痕画在区内。
- 跑垒限制线：沿线痕画在区内。
- 后挡网线：沿线痕用虚线画在内侧。
- 本垒打线：沿线痕画虚线在内侧。
- 击球准备区：沿线痕画在区内。

垒球场

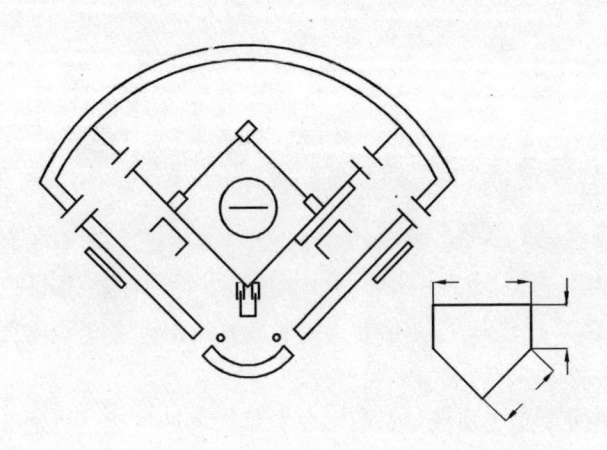

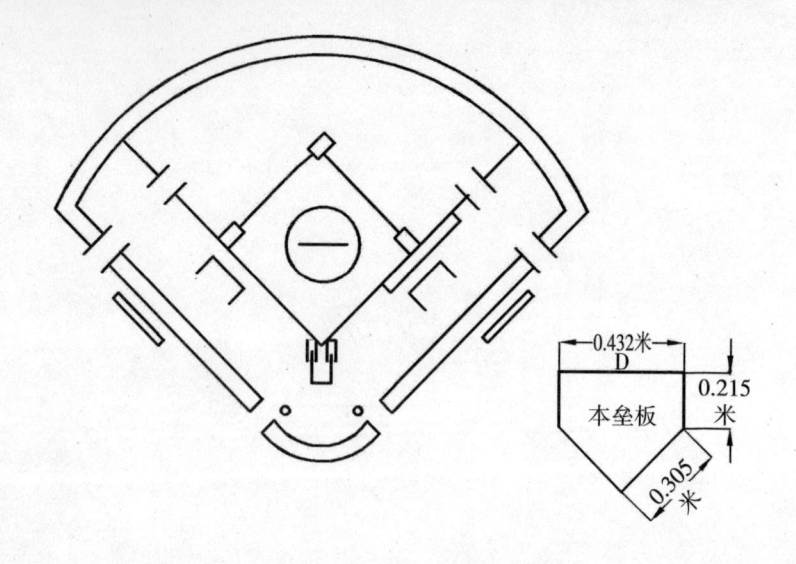

必备条件

●垒球场为 70~80 米见方的空地，场地上方不能有任何障碍物。垒球场界内地区分内场和外场，各垒之间距离为 18.29 米，投手板的前沿中心和本垒尖角顶点之间距离男子为 14.02 米，女子为 12.19 米。

●主要是土质场地，有部分是草皮场地。比赛场地必须平整，不得有任何障碍物。

●本垒板：呈五边形，须用橡胶或木板制成（见棒球部分）。

●实线画法同棒球场地。

垒球场

画线痕

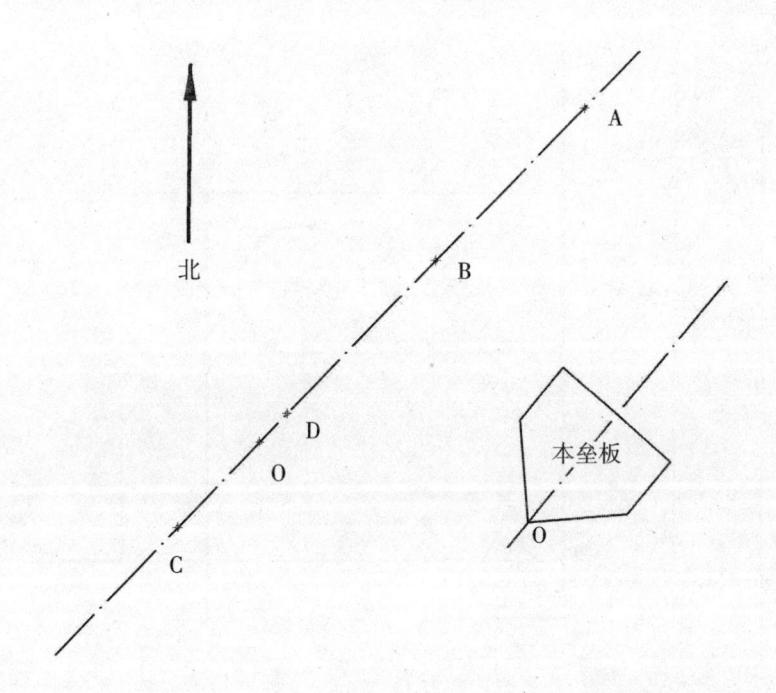

●纵轴线：用一条长约 80 米的线绳，在空地中间沿较长（最好是西南偏北向东北偏南）方向拉直，固定在地上即可。

●首先确定 O、A、B、C、D 五点。距纵轴线的一端（最好是西南偏北端）9 米处为 O 点；OA=25.86 米；OB=14.02 米（女子为 12.19 米）；OC=8~9 米；OD=0.432 米。

●本垒板：将 90°角尖置于 O 点处，并使 90°角对应边的中点置于 D 点（放置方法同棒球）。

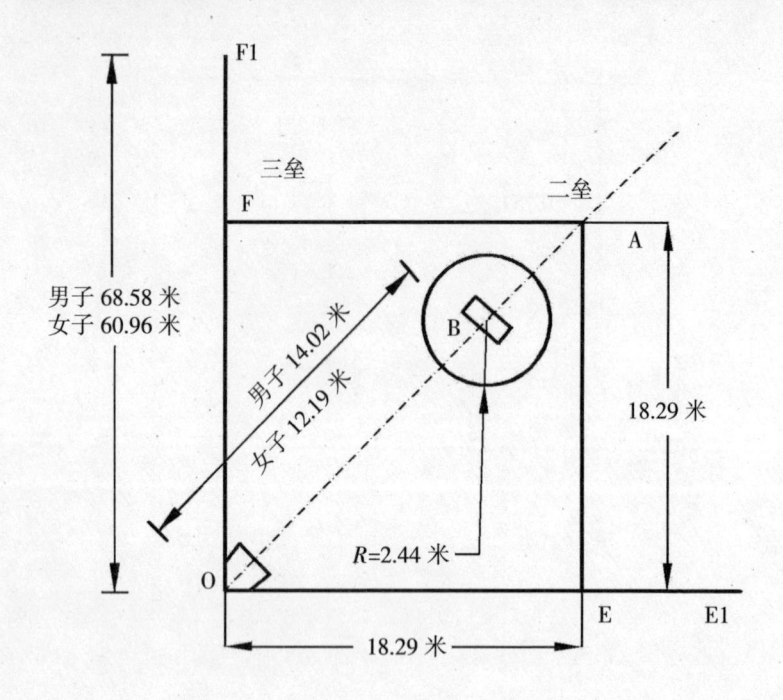

● 一、三垒：以 O 点为圆心，以 18.29 米为半径向纵轴线右侧画弧，再以 A 点为圆心，以 18.29 米为半径向纵轴线右侧画弧与前弧交于 E 点。同样，在另一侧可找出 F 点。E、F 点分别为一、三垒的外角。

● 二垒：A 点即为二垒的中心点。

● 边线、内场线：连接 OE、OF 并分别延长，OE1=OF1=68.58 米（女子为 60.96 米），得男子场地（或女子场地）边线；连接 AE、AF 即为内场线。

● 投手板：B 点为投手板的前沿中心点，它是 0.61 米长、0.15 米宽的长方形橡胶制品，埋于地下，与地面平行。

● 投手区：以 B 点为圆心，以 2.44 米为半径画圆即可。

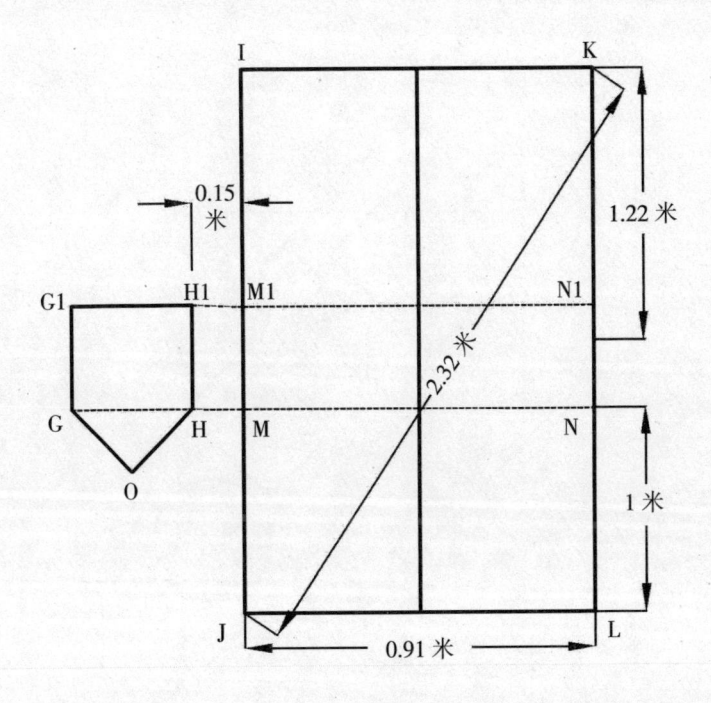

击球员区

●长边：延长本垒两钝角连线 GH 和两直角连线 G1H1，HM=H1M1=0.15 米；MN=M1N1=0.91 米。分别连接 MM1、NN1 并延长，MJ=NL=1 米；MI=NK=1.22 米。

●宽边：分别连接 IK、JL 即可。

●检验方法：量对角线 IL=JK=2.32 米。

●同样方法可画出本垒另一侧的击球员区。

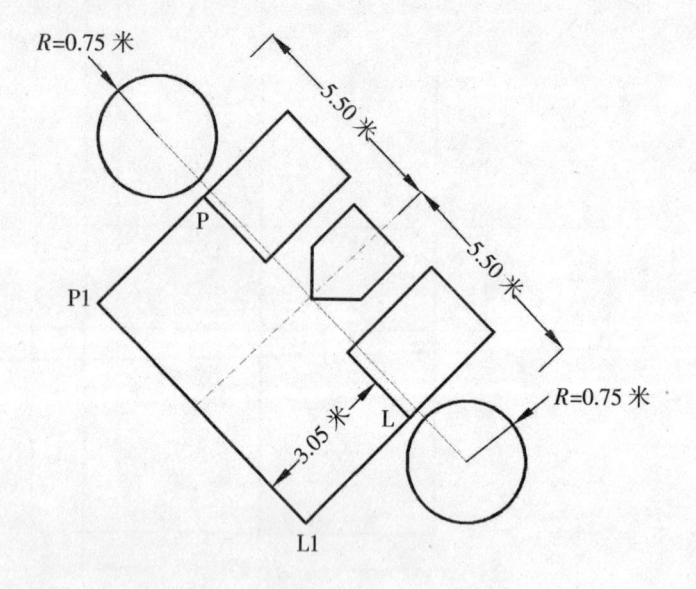

●接手区：延长两个击球区外侧边线，LL1=PP1=3.05米，连接L1P1即可。

●击球员准备区（业余教学可不画）：在本垒左右两侧距离本垒尖5.50米处，各画一个半径为0.75米的圆圈即可。

垒球场

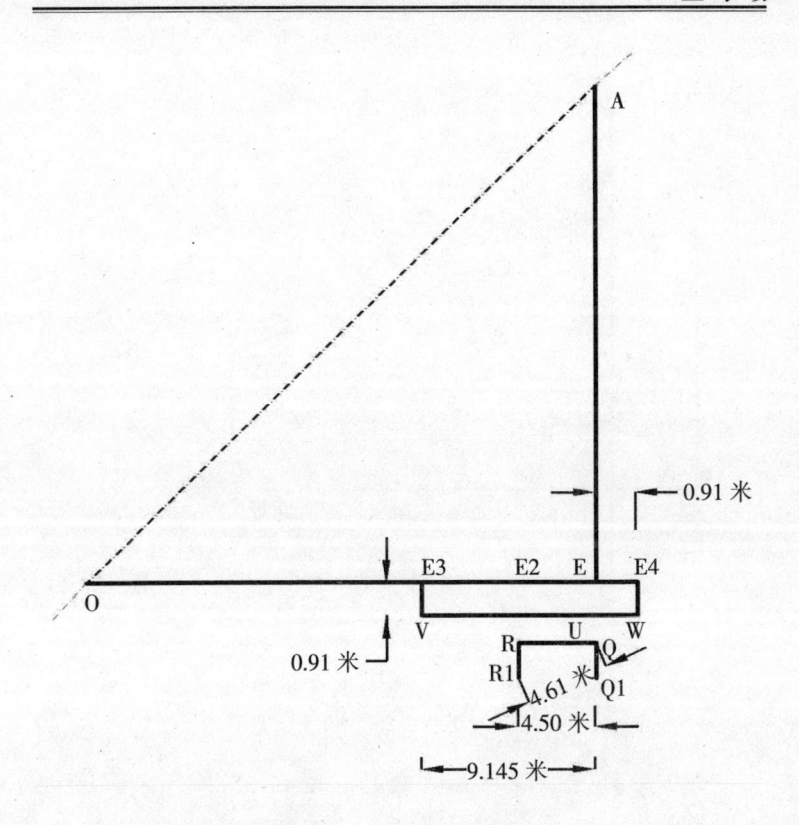

●跑垒限制线（业余教学可不画）：EE3=9.145 米；E3V=EE4=E4W=0.91 米。

●跑垒指导员区（业余教学可不画）：延长 AE，EQ=3.65 米，QQ1=1 米。EE2=4.50 米，分别以 E2、Q 为圆心，以 3.65 米、4.50 米为半径向边线外画弧并相交于 R 点，在 E2R 的延长线上，从 R 点向场外截取 1 米，得 R1 点，RR1=1 米；然后连接 RQ 即可。

●检验方法：R1Q=RQ1=4.61 米。

●同样的方法可画出边线 OF 侧的跑垒指导员区。

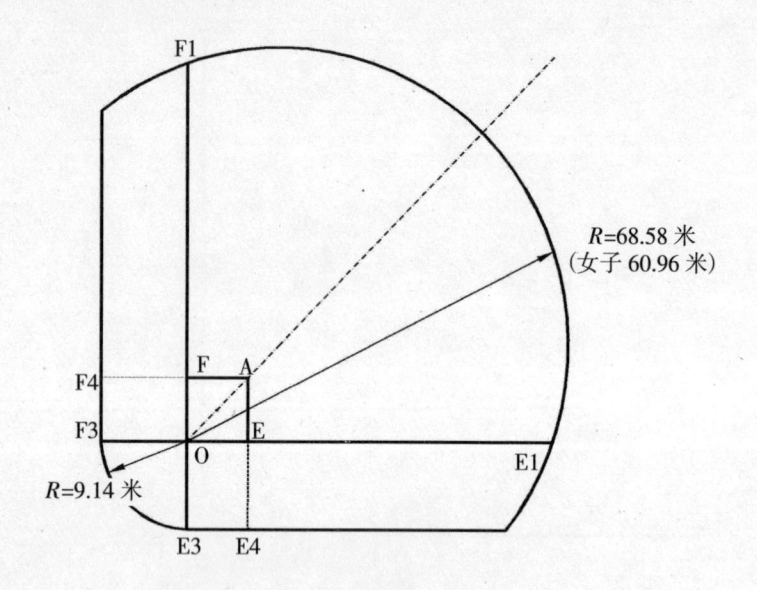

●本垒打线：以 O 点为圆心，以 68.58 米（女子 60.96 米）为半径从 E1 点向 F1 点画弧，为本垒打线。

●后挡网线：以 O 点为圆心，以 9.14 米为半径向后画弧，弧的两端与 EO 和 FO 的延长线分别相交于 E3、F3，形成 90°角弧线，为后挡网线。

●野传球区：延长 AE、AF，EE4=FF4=9.14 米。连接 E3E4、F3F4 并延长相交于本垒打线的延长线即可。

三门球场

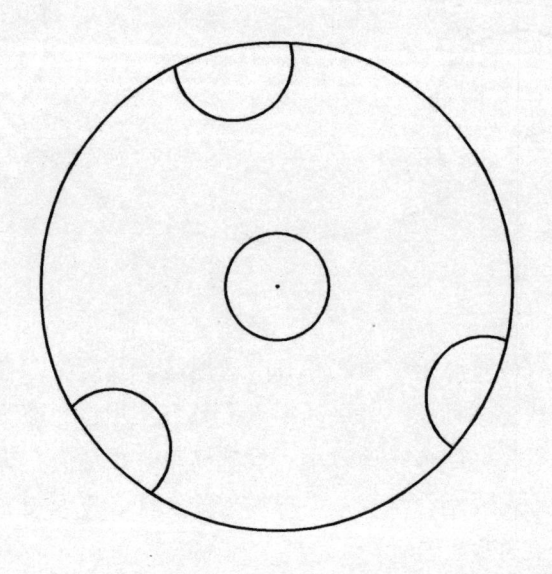

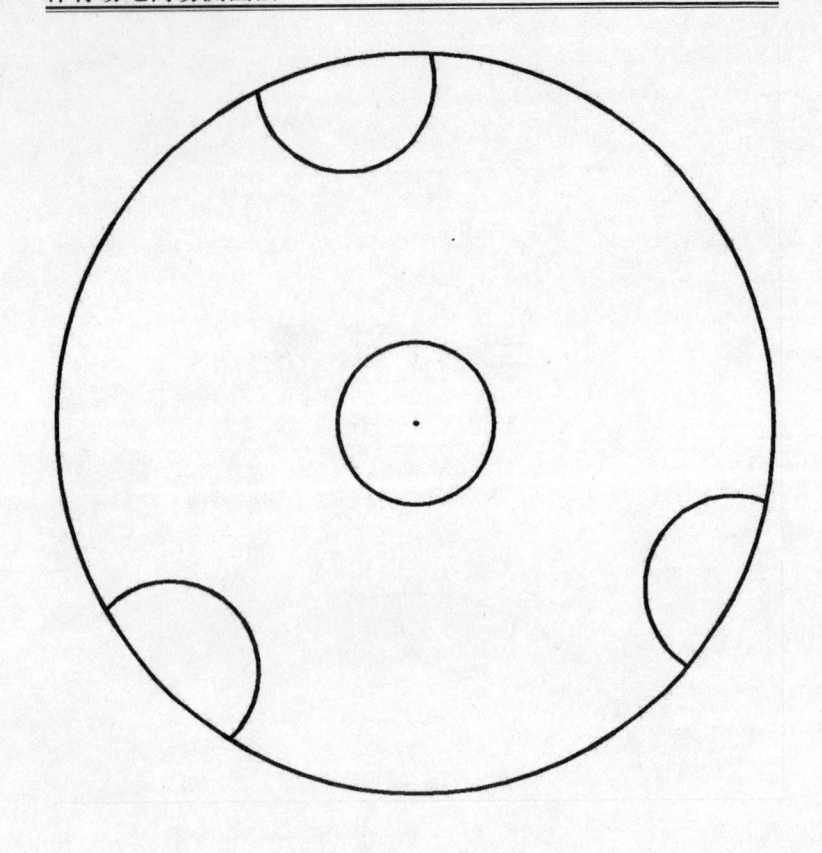

三门球起源于中国江苏省南通地区，其打法综合了橄榄球、手球等多种球类的运动特点，具有实用性、益智性和观赏性。由于三门球场地较小，设施简单，很适合广大中小学开展。本书详细介绍了三门球场地的画法，以及由三门球场演变而来的游戏场地。

三门球场

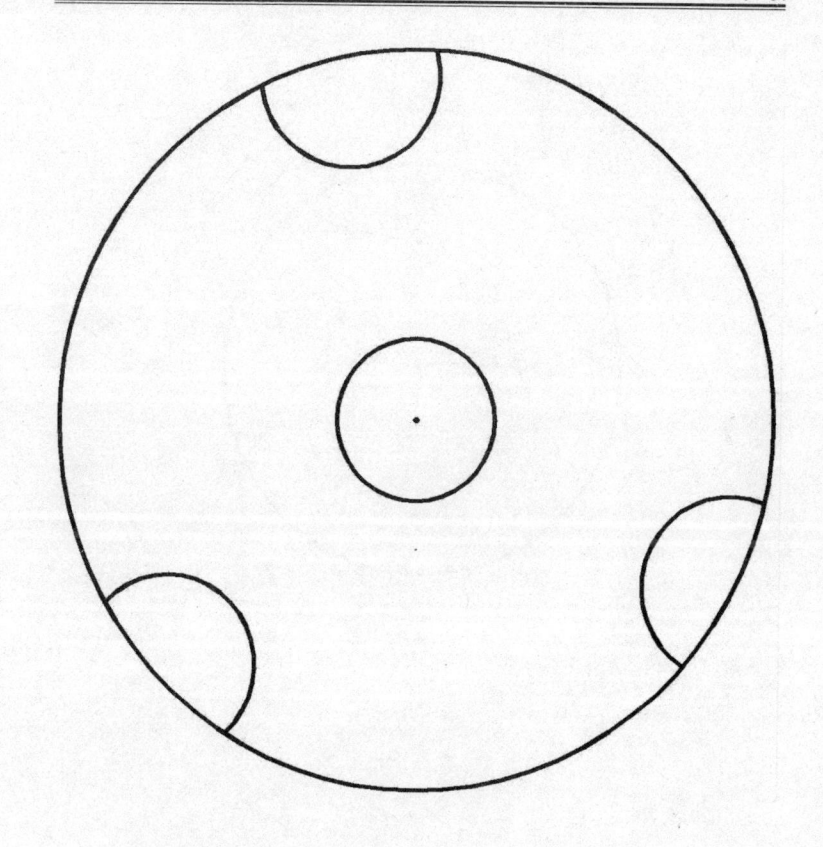

必备条件

●三门球场地直径 30 米，整块场地需要一块约 40 米见方的空地。

●土质、草地、木板或塑胶地面均可，严禁水泥、沥青等硬质地面。

●球门高 1.60 米、宽 2 米。将红、黄、绿三块牌子（长 0.50 米、宽 0.15 米）分别安装在三个球门的横梁上。

画线痕

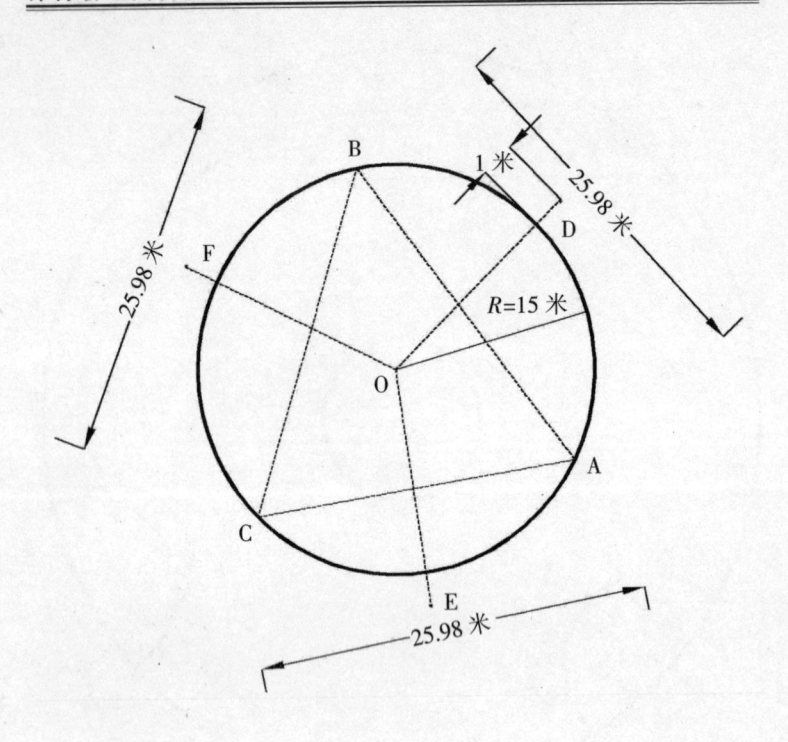

● 确定 O 点：在空地中心确定 O 点，为三门球场的中心点。

● 边界：以 O 点为圆心，以 15 米为半径画一圆圈即可。

● 确定 A、B、C 点：在圆圈的任意一点确定 A 点，以 25.98 米为半径向圆圈画弧，与之相交的点分别为 B、C 点。

● 检验方法：AB=BC=AC=25.98 米。

● 确定 D、E、F 点：取 AB、AC、BC 线的中点，分别与 O 点连接并向场外延长至圈外 1 米处，为 D、E、F、点。

三门球场

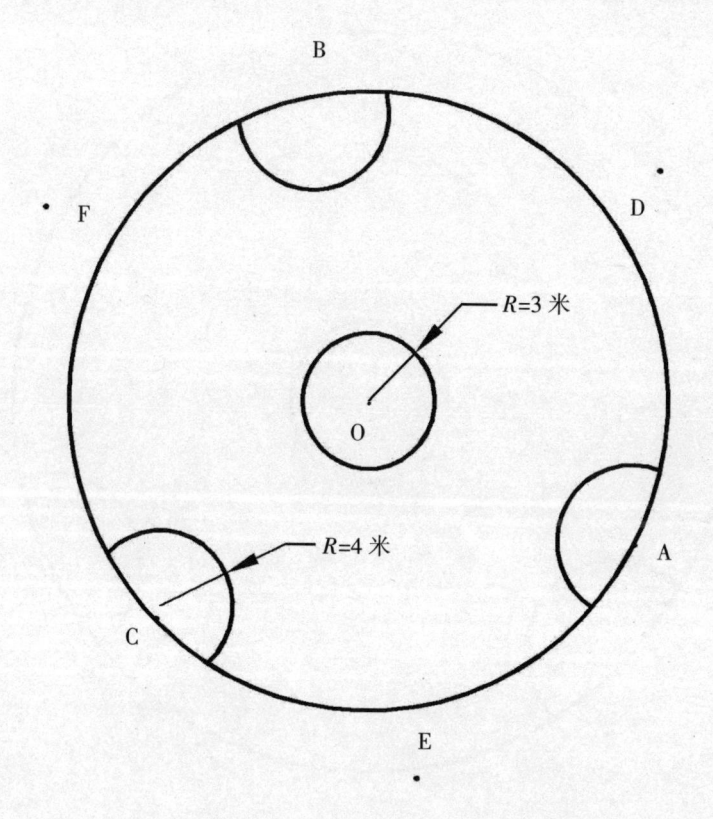

- 中圈：以 O 点为圆心，以 3 米为半径画圆即可。
- 三个禁区：分别以 A、B、C 三点为圆心，以 4 米为半径向场地内画半圆。
- A、B、C 点为三个球门的球门线中点。
- D、E、F 点为分界旗点。

体育场地简易测画法

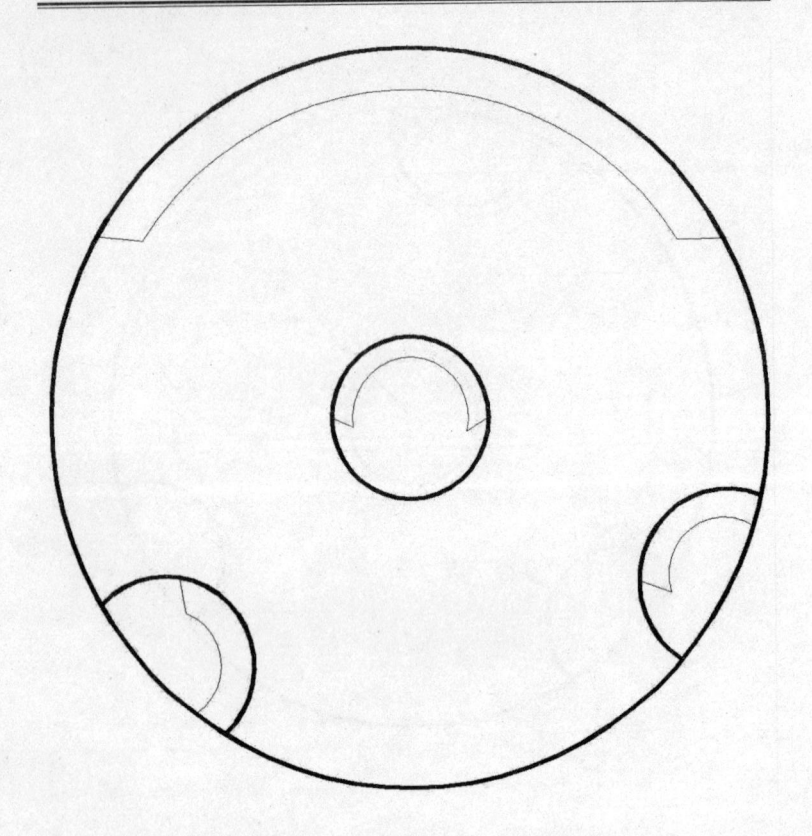

画实线（10厘米宽）

● 沿线痕画在弧内。

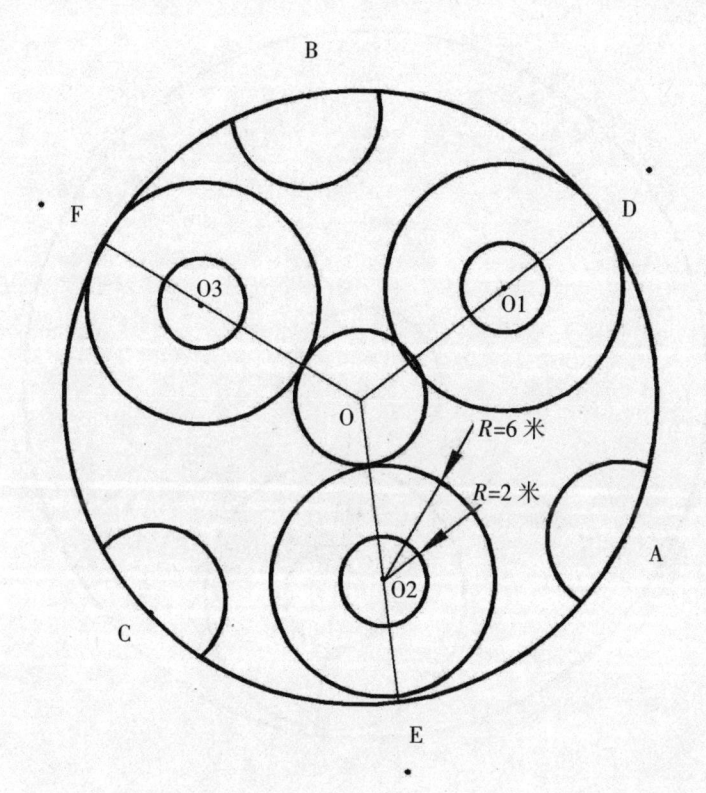

由三门球场地演变的游戏场地

● 连接 OD、OE、OF（至边线）。

● 确定 O1、O2、O3 点：从 O 点分别向 D、E、F 点量 9 米，得 O1、O2、O3 点。

● 以 O1、O2、O3 点为圆心，分别以 2 米、6 米为半径画圆。

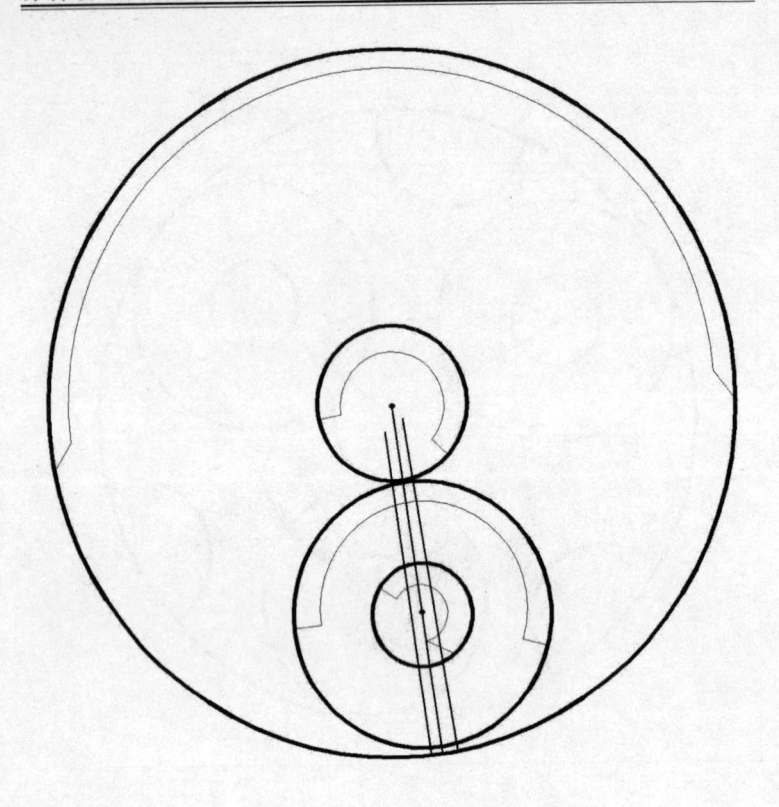

画实线（10厘米宽）

- 直线：骑着线痕画，线痕两侧各5厘米。
- 弧线：沿线痕画在内侧。

田径场

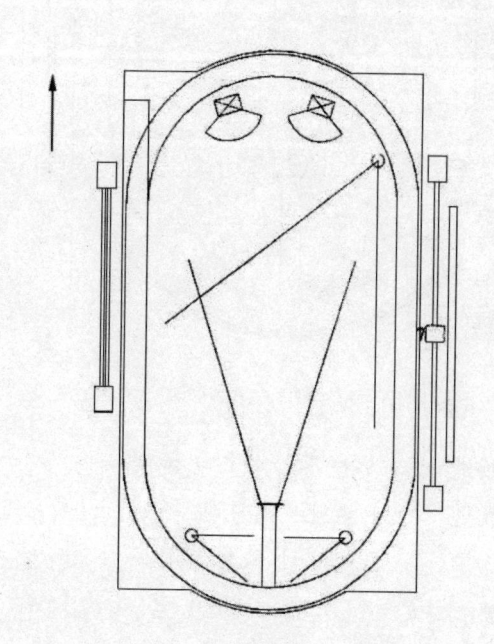

体育场地简易测画法

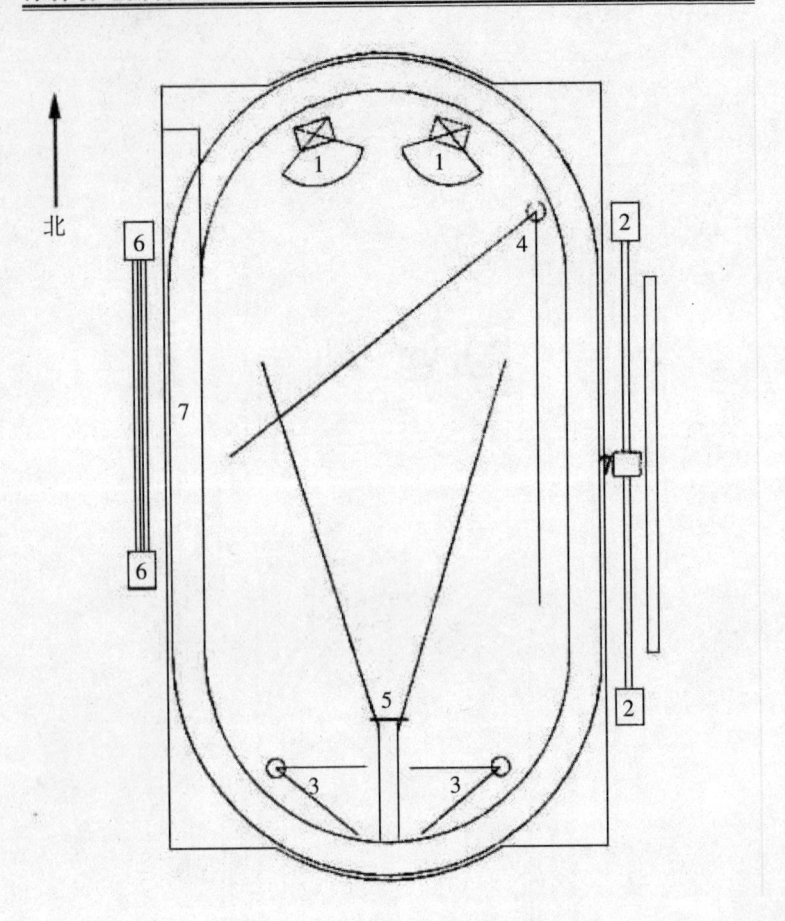

北

1. 跳高场地　　2. 跳远、三级跳远场地
3. 铅球场地　　4. 铁饼、链球场地
5. 标枪场地　　6. 撑竿跳高场地
7. 跑道

田径场

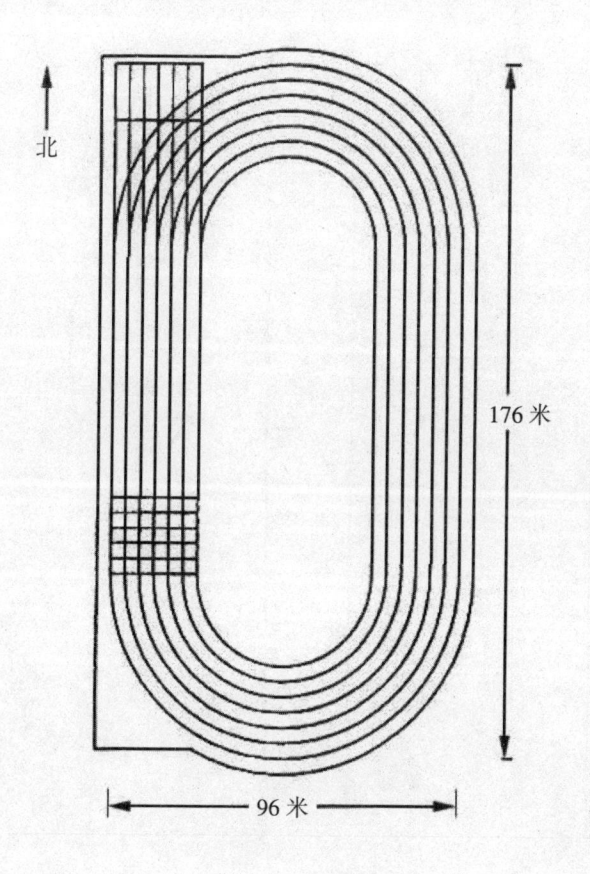

北 ↑

176 米

96 米

400 米跑道

必备条件

- 需要至少 176 米 × 96 米的空地。
- 土质场表面应平坦。
- 建议将田径场建成南北向。
- 为符合规则要求和保障安全，建议购买合格的田径器材。

画线痕

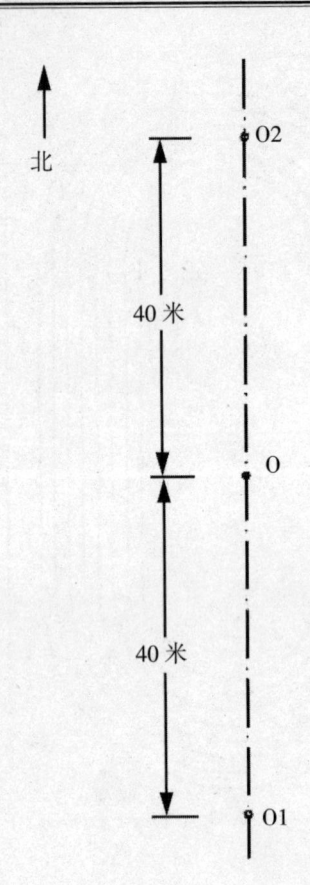

●纵轴线：在空地的较长（最好是南北）方向居中拉一条长绳，用钉子固定，就是纵轴线。

●确定纵轴线的中心为 O 点。

●从 O 点分别沿纵轴线各量 40 米，为 O1 和 O2；在 O、O1、O2 点钉上木桩做标记。

田径场

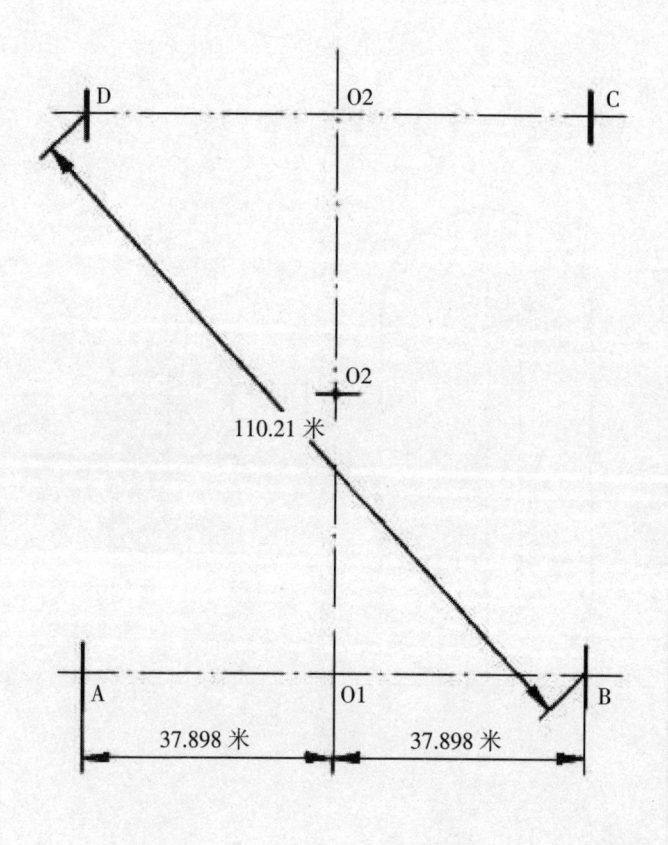

●通过 O1 拉一条长绳和纵轴线垂直，两边各量 37.898 米，得 A、B 两点；用同样的方法通过 O2 找到 C、D 两点。
●A、B、C、D 是跑道的基准点，钉下木桩做上标记。
●检验方法：量对角线，AC=BD=110.21 米。

体育场地简易测画法

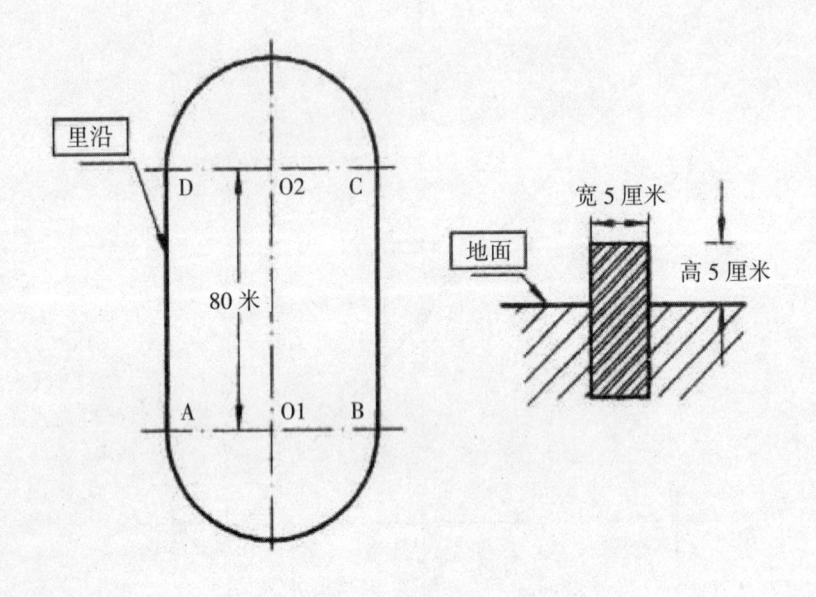

●分别以 O_1、O_2 为圆心，以 37.898 米为半径，向外画两个半圆。

●连接基点 AD、BC，就形成场地的里沿。田径场里沿一般要做成高 5 厘米、宽 5 厘米，可以用木条、砖块或水泥砌成，业余比赛和教学用场地可省略。

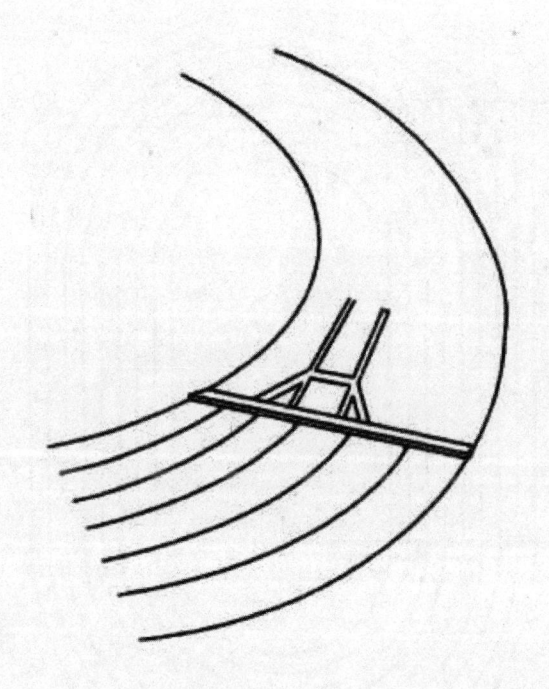

- 拖钉耙：用一种特制的"钉耙"来画跑道线痕。横梁上钉子间隔 1.22 米，钉子的数量视跑道数量而定，如 6 条跑道用 7 颗钉子，8 条跑道用 9 颗钉子。
- 画线痕时注意将钉耙内端和跑道的里沿靠紧，横梁和跑道里沿垂直，拉着走一圈，在地面上形成跑道线痕。

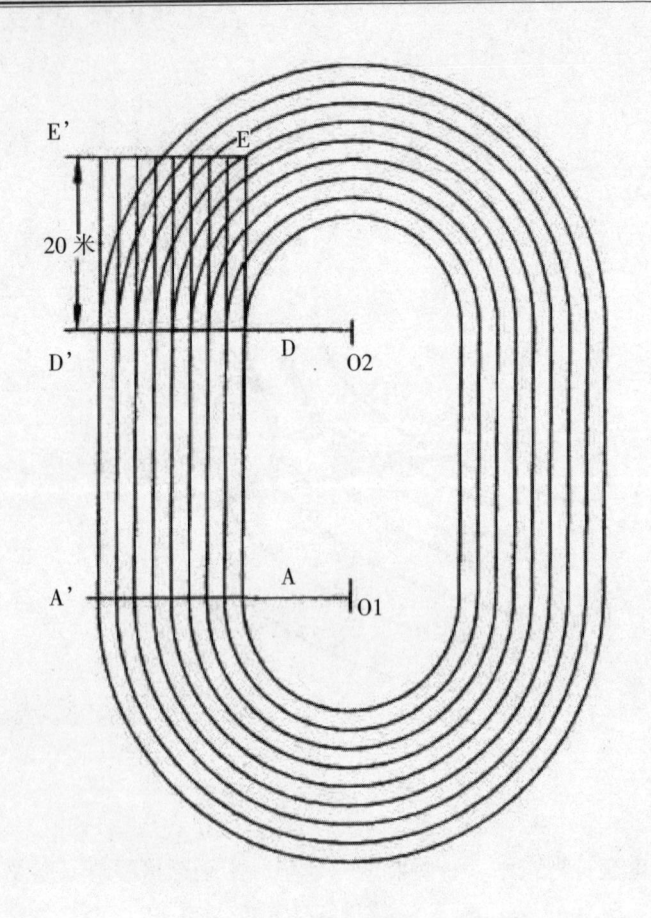

●终点：延长 O1A，和最外面的跑道线痕交叉成 A'，连接 AA'，就是终点线。

●100 米起点：延长 O2D，和最外面的跑道线痕交叉成 D'，向后延长 AD、A'D' 20 米，得 E、E' 两点，连接 EE' 为 100 米起点线。

●拖钉耙连接 DE，将 100 米直道线痕补齐。

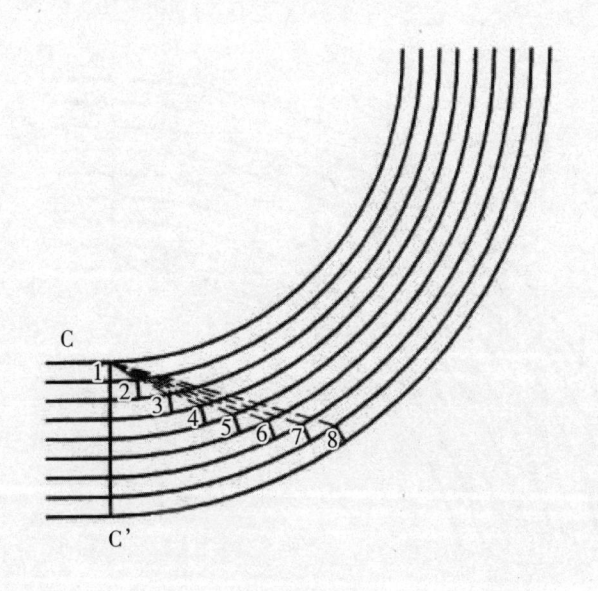

200 米起点数值表（单位：米）

C1	C2	C3	C4	C5	C6	C7	C8
0	3.65	7.49	11.21	14.82	18.33	21.73	25.03

● 200 米起点：以 C 点为圆心，用表中的长度画弧与各条跑道线痕交叉成 C1~C8 八个点（其中一道的点和 C 重合）。

● 通过这八个点各做一条和跑道线垂直的线痕，就是 200 米 1~8 道的起点。

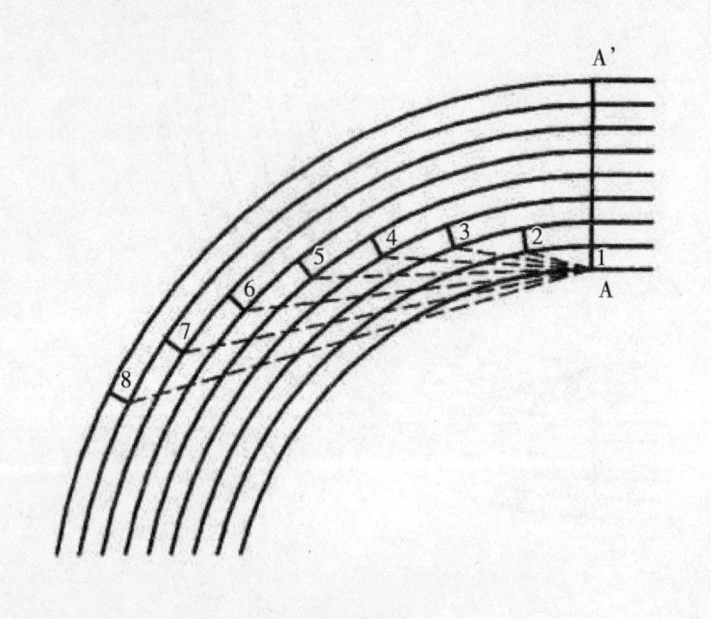

400米起点数值表（单位：米）

A1	A2	A3	A4	A5	A6	A7	A8
0	6.99	14.31	21.32	28	34.33	40.32	45.97

●400米起点：以 A 点为圆心，用表中的长度画弧与各条跑道线痕交叉成 A1~A8 八个点（其中一道的点和 A 重合）。

●通过这八个点各做一条和跑道线垂直的线痕，就是 400 米 1~8 道的起点线。

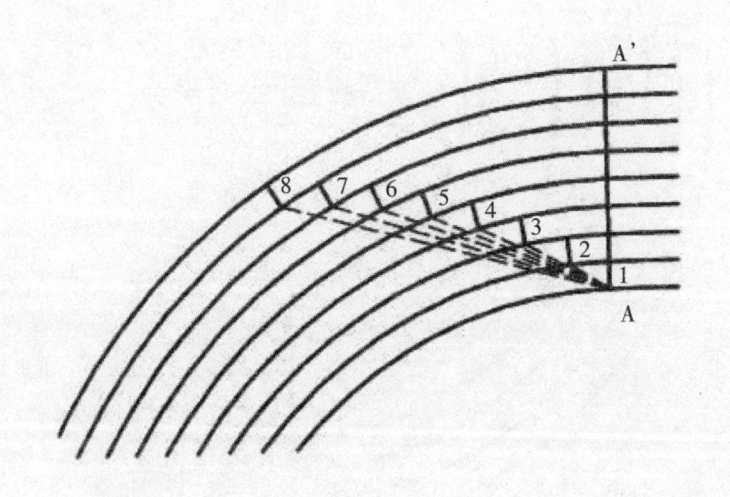

800 米起点数值表（单位：米）

A1	A2	A3	A4	A5	A6	A7	A8
0	3.66	7.52	11.28	14.95	18.52	22	25.39

●800 米起点：以 A 点为圆心，用表中的长度画弧与各条跑道线痕交叉成 A1~A8 八个点（其中 A1 和 A 重合）。

●通过这八个点各做一条和跑道线垂直的线痕，就是 800 米 1~8 道的起点线。

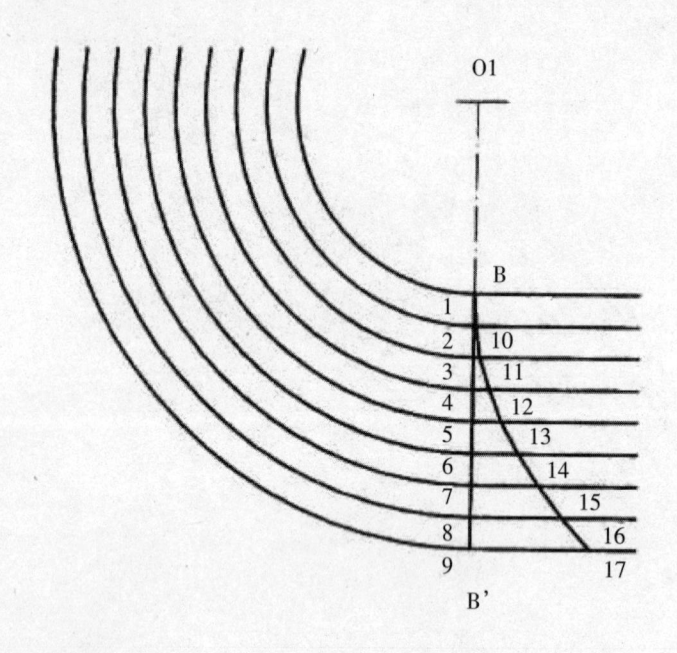

800米抢道线各道丈量长度（单位：米）

1	2→10	3→11	4→12	5→13	6→14	7→15	8→16	9→17
0	0.01	0.03	0.08	0.14	0.23	0.33	0.45	0.59

●800米抢道线：延长O1B，与各条跑道线痕交叉成1~9点（其中第1点与B重合，第9点与B'重合）。分别从以上九个点，按表中的长度向前量，找出图中的10~17点。

●把1和10~17九个点连成一条曲线是800米抢道线。

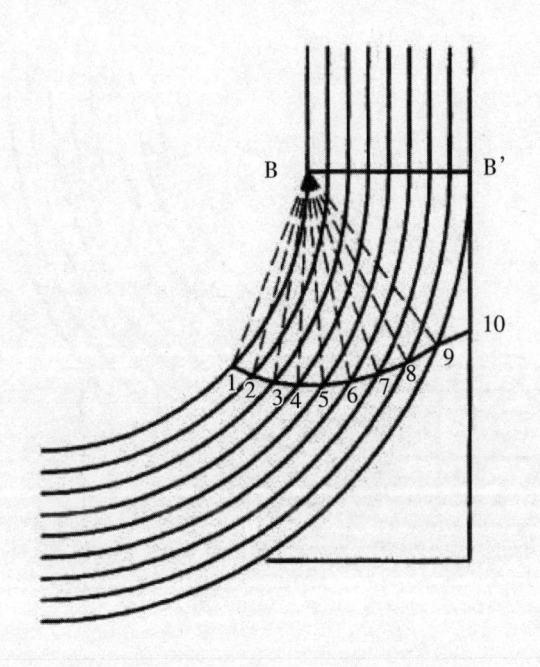

1500米起点数值表（单位：米）

B1	B2	B3	B4	B5	B6	B7	B8	B9	B10
19.62	19.84	19.93	19.97	20.00	20.04	20.15	20.34	20.60	21.86

● 1500 米起点：以 B 点为圆心，用表中的长度画弧与各跑道线痕交叉成 B1~B10 点。

● 把十个点连成一条曲线就是 1500 米起点线。

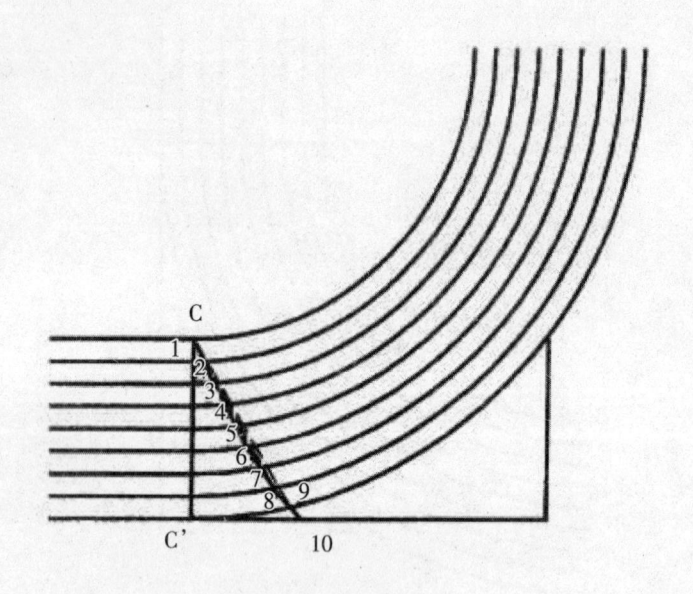

3000米、5000米起点数值表（单位：米）

C1	C2	C3	C4	C5	C6	C7	C8	C9	C10
0	1.23	2.49	3.78	5.10	6.46	7.85	9.28	10.73	11.08

●3000米、5000米起点：以C点为圆心，用表中的长度画弧与各跑道线痕交叉成C1~C10点（其中C1和C重合）。

●把十个点连成一条曲线就是3000米、5000米起点线。

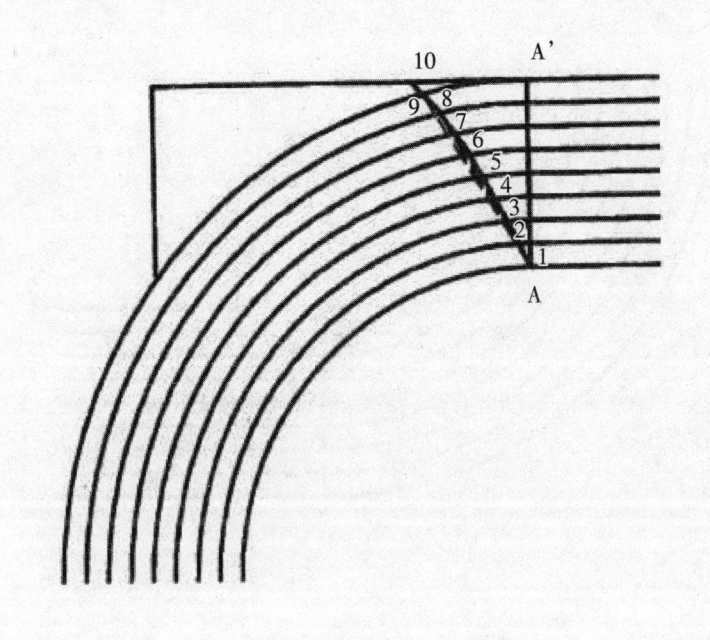

10000米起点数值表（单位：米）

A1	A2	A3	A4	A5	A6	A7	A8	A9	A10
0	1.23	2.49	3.78	5.10	6.46	7.85	9.28	10.73	11.08

● 10000米起点：以 A 点为圆心，用表中的长度画弧与各跑道线痕交叉成 A1~A10 点（其中 A1 和 A 重合）。

● 把十个点连成一条曲线就是10000米起点线。

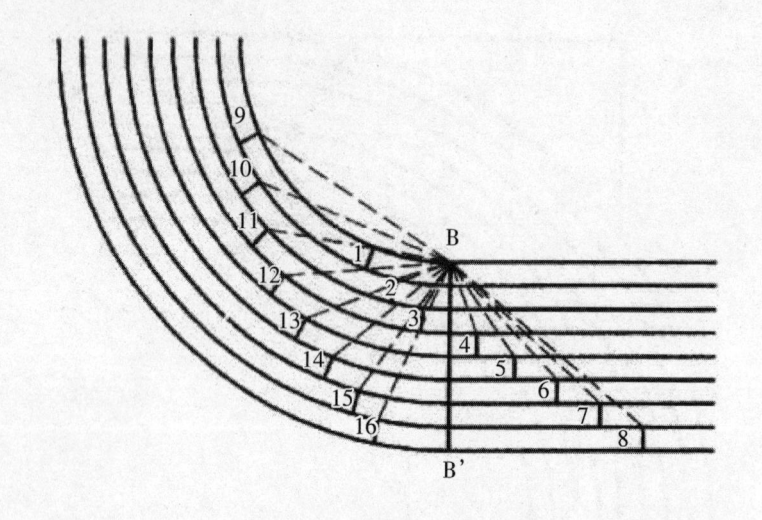

4×100米第一接力区数值表（单位：米）

B1	B2	B3	B4	B5	B6	B7	B8
9.98	6.46	3.53	3.85	7.00	10.75	14.64	18.60
B9	B10	B11	B12	B13	B14	B15	B16
29.01	25.3	21.66	18.1	14.79	11.95	9.90	9.10

● 4×100米接力起点同400米。

● 第一接力区：以B点为圆心，用表中的长度画弧与各跑道线痕交叉成B1~B16点。

● 通过十六个点各做一条和跑道线痕垂直的线，每条跑道的两条线之间为20米，就是各道的第一接力区。

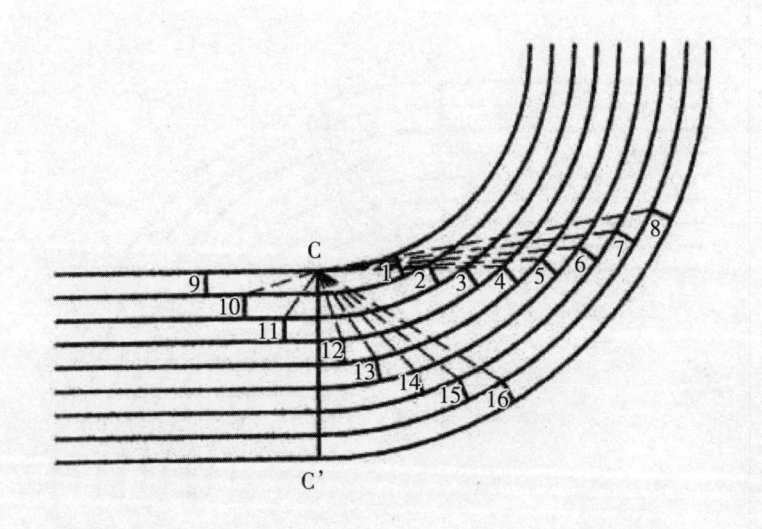

4×100米接力第二接力区数值表（单位：米）

C1	C2	C3	C4	C5	C6	C7	C8
9.98	13.23	16.79	20.25	23.62	26.89	30.06	33.13
C9	C10	C11	C12	C13	C14	C15	C16
10	6.59	3.60	3.83	6.78	10.19	13.65	17.07

● 4×100米接力第二接力区：以C点为圆心，用表中的长度画弧与各跑道线痕交叉成C1~C16点。

● 通过十六个点各做一条和跑道线痕垂直的线，每条跑道的两条线之间为20米，就是各道的第二接力区。

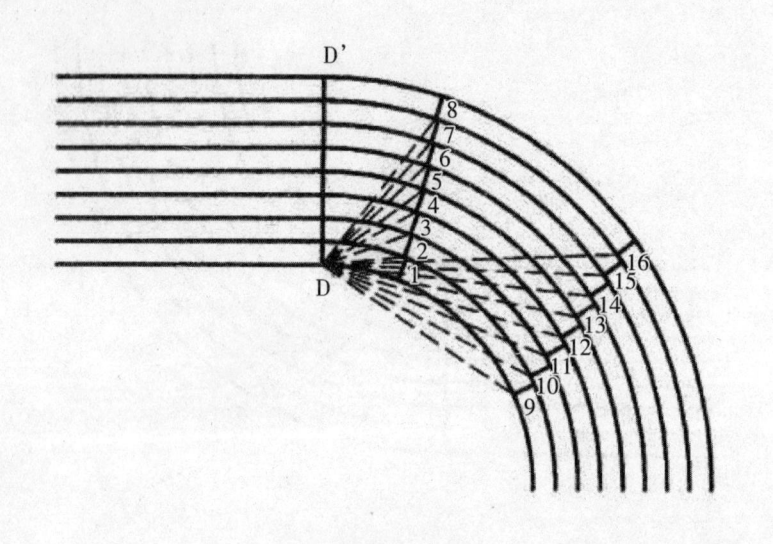

4×100米接力第三接力区数值表（单位：米）

D1	D2	D3	D4	D5	D6	D7	D8
29.01	28.70	28.38	28.14	27.97	27.86	27.83	27.86
D9	D10	D11	D12	D13	D14	D15	D16
9.89	9.84	9.96	10.16	10.56	11.05	11.68	12.39

● 4×100米接力第三接力区：以D点为圆心，用表中的长度画弧与各跑道线痕交叉成D1~D16点。

● 通过十六个点各做一条和跑道线痕垂直的线，每条跑道的两条线之间为20米，就是各道的第三接力区。

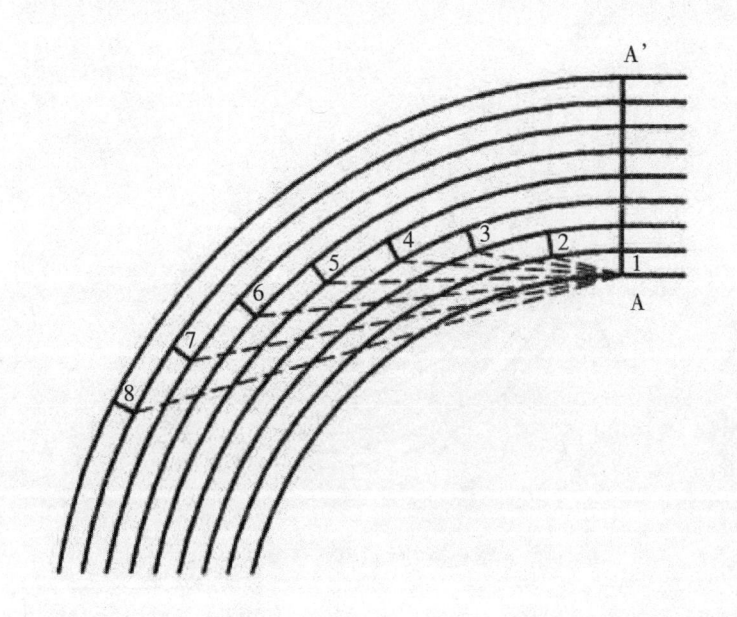

4×400 米接力起点数值表（单位：米）

A1	A2	A3	A4	A5	A6	A7	A8
0	10.39	21.18	31.32	40.71	49.30	57.70	64.02

● 4×400 米接力起点：以 A 点为圆心，用表中的长度画弧与各跑道线痕交叉成 A1~A8 点（其中 A1 和 A 重合）。

● 通过八个点各做一条和跑道线痕垂直的线，就是 4×400 米接力 1~8 道的起点线。

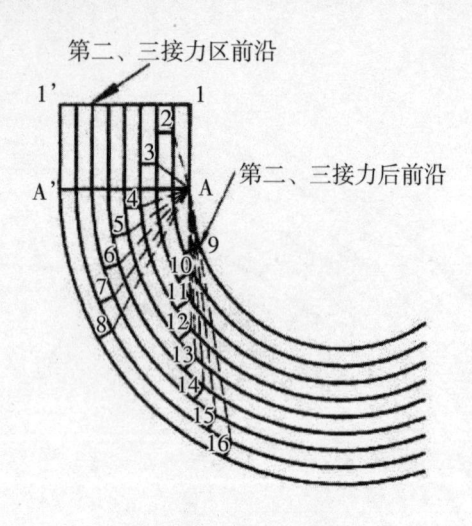

4×400米第一接力区数值表（单位：米）

A1	A2	A3	A4	A5	A6	A7	A8
10	6.59	3.58	3.85	6.87	10.36	13.90	17.42
A9	A10	A11	A12	A13	A14	A15	A16
9.89	13.24	16.82	20.42	23.74	27.08	30.33	33.50

● 4×400米第一接力区：以A点为圆心，表中的数值为半径画弧与跑道线交叉成A1~A16点（其中A1和A重合）。

● 通过十六个点各做一条直线与跑道线垂直，各跑道两条线之间为20米，就是各道的第一接力区。

● 4×400米第二、第三接力区：通过A1做一条与终点平行的直线至1'，A1、A9两条线之间为20米，就是第二、第三接力区。

● 4×400抢道线和800米抢道线相同。

跑进方向

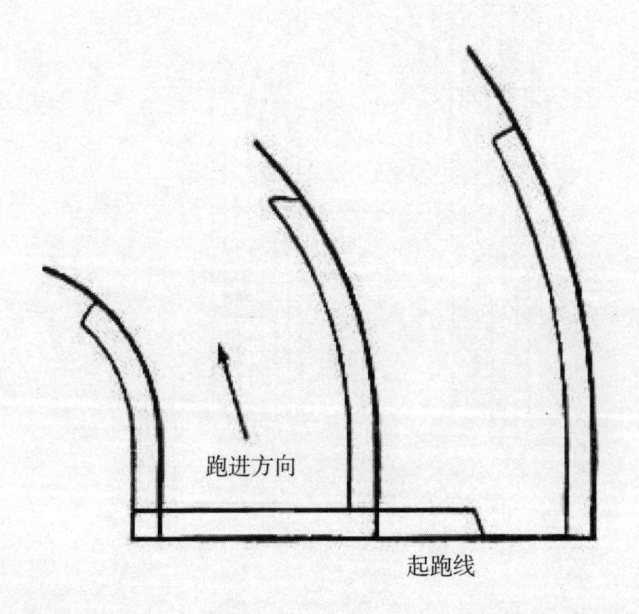

起跑线

画实线（5厘米）

● 跑道线：实线画在线痕内侧。
● 起跑线、接力区线：把跑进的方向定为前，实线画在线痕的前面。

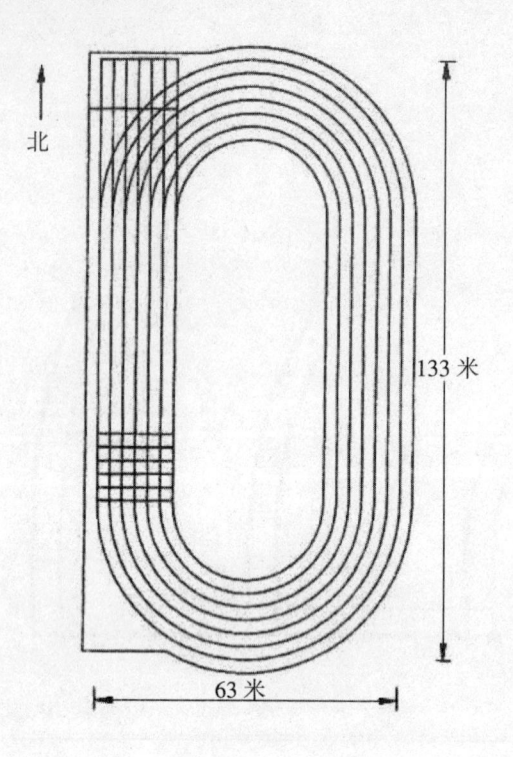

300 米跑道

必备条件

● 至少需要 133 米×63 米的空地，弯道半径是 25.16 米。每条跑道宽 1 米。
● 土质场表面应平坦。
● 建议将田径场建成南北向。
● 为符合规则要求和保障安全，建议购买合格的田径器材。
● 实线画法同 400 米跑道。

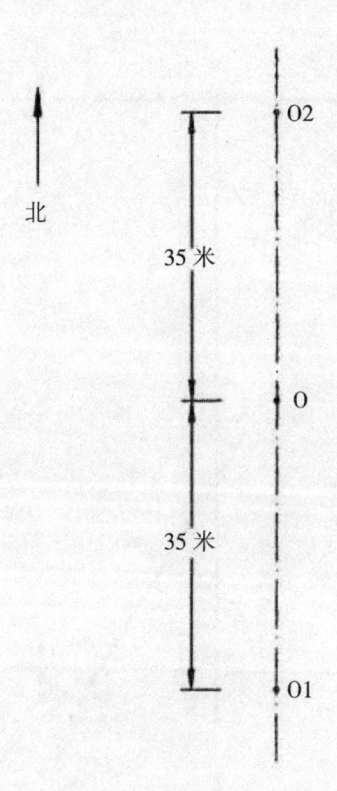

画线痕

● 纵轴线：在空地的较长（最好是南北）方向居中拉一根长绳，用钉子固定，就是纵轴线。

● 确定纵轴线的中心为 O 点。

● 从 O 点分别向纵轴线的两边量 35 米，为 O1 和 O2，在 O、O1、O2 点钉上木桩做标记。

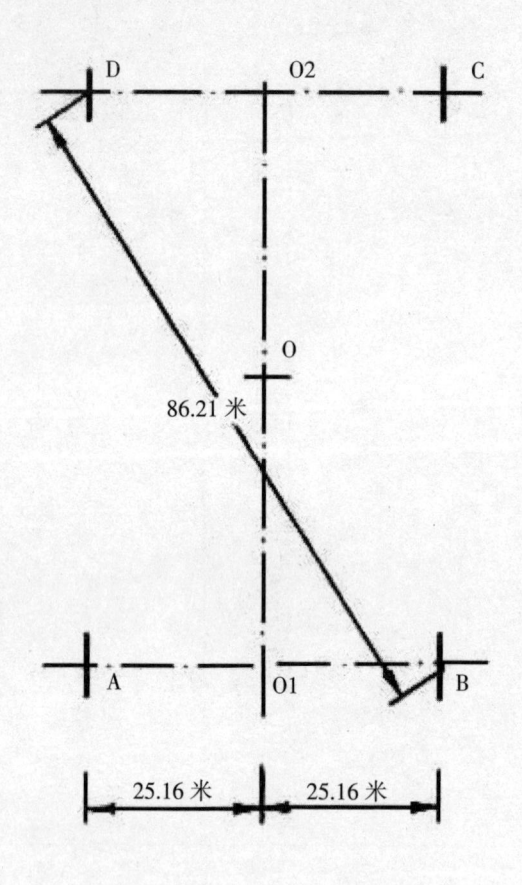

- 通过 O1 拉一条长绳与纵轴线垂直。
- 从 O1 向两边各量 25.16 米，得 A、B 两点；用同样的方法通过 O2 找到 C、D 两点。
- A、B、C、D 是跑道的基准点，钉上木桩做标记。
- 检验方法：量对角线，AC=BD=86.21 米。

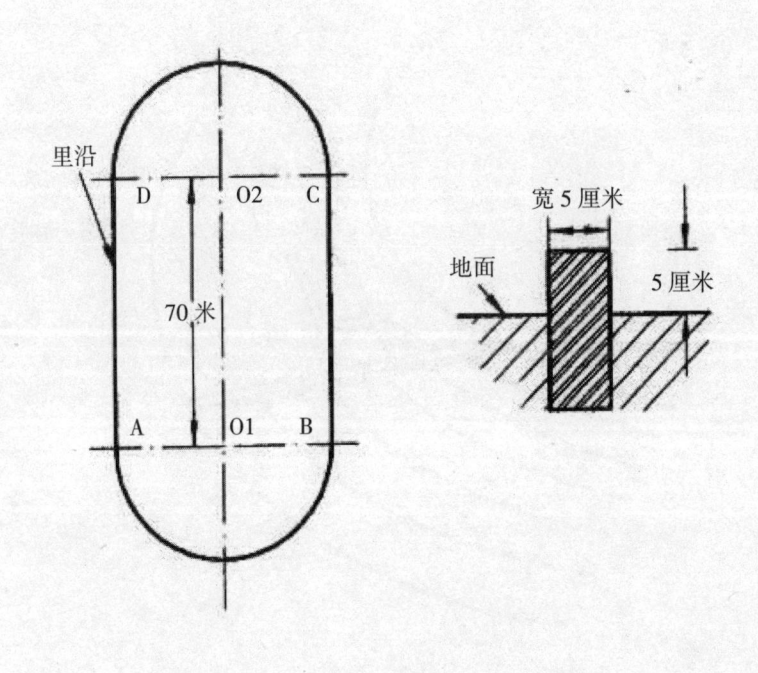

● 分别以 O1、O2 为圆心，以 25.16 米为半径，向外画两个半圆。

● 连接基点 AD、BC，就形成场地的里沿。

● 田径场里沿一般要做成高 5 厘米、宽 5 厘米的沿，可以用木条、砖块或水泥砌成，业余比赛和教学用场地可省略。

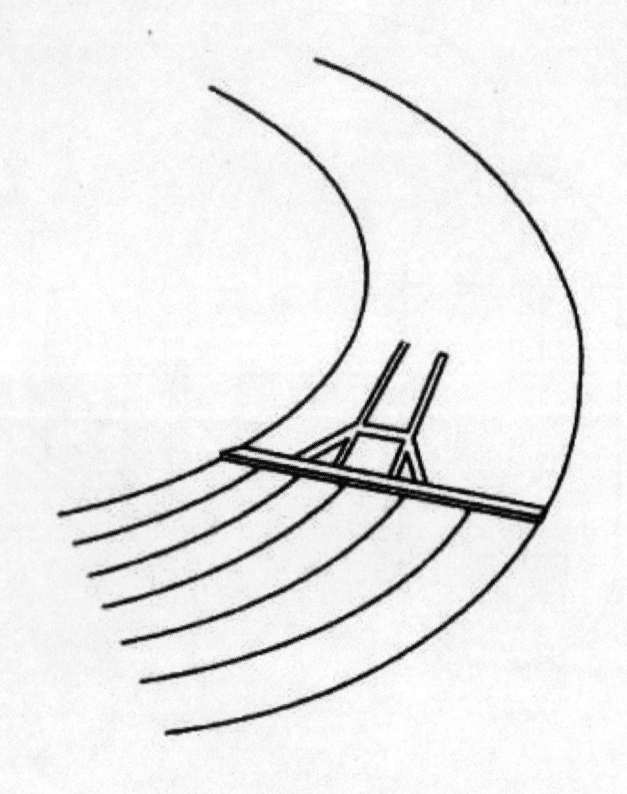

●拖钉耙：用一种特制的"钉耙"来画跑道线痕。横梁上钉子间隔1米，钉子的数量视跑道数量而定，如6条跑道用7颗钉子、8条跑道用9颗钉子。画线痕时注意将钉耙内端和跑道的里沿靠紧，横梁和跑道里沿垂直。拉着走一圈，在地面上形成跑道线痕。

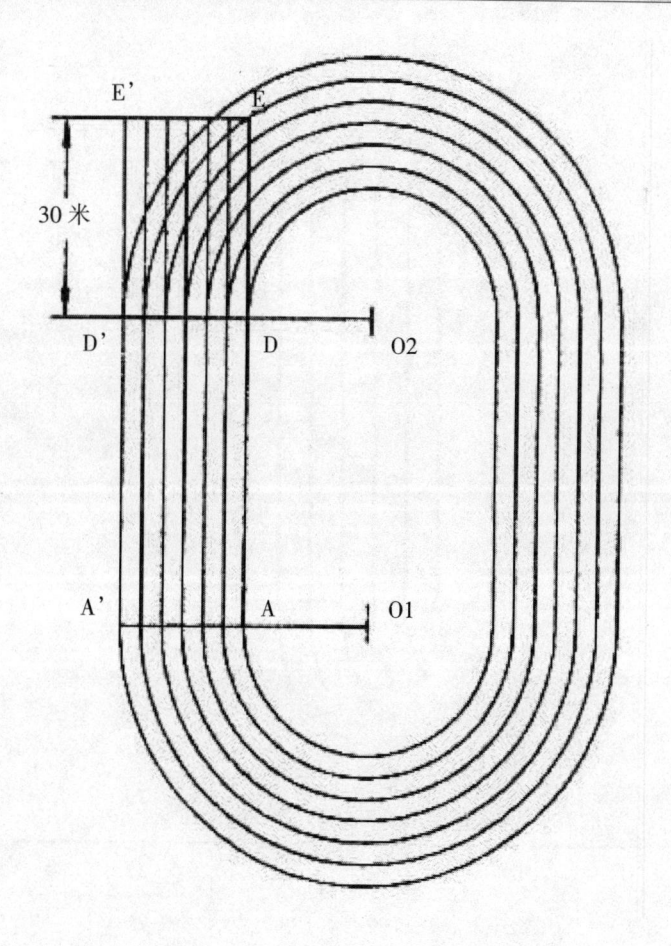

● 终点：延长 O1A，和最外面的跑道线痕交叉成 A'，连接 AA'，就是跑道的终点。

● 100 米起点：延长 O2D，和最外面的跑道线痕交叉成 D'，向后延长 AD、A'D' 30 米，得 E 和 E'，拖钉耙连接 DE、D'E'，再连接 EE'，就是 100 米起点线。

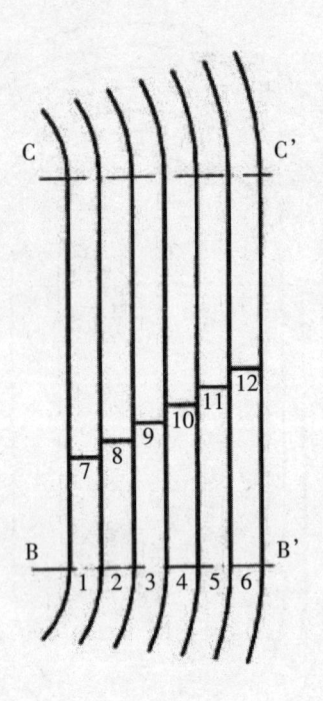

200米起点数值表（单位：米）

1→7	2→8	3→9	4→10	5→11	6→12
20	22.83	25.97	29.11	32.25	35.39

● 200米起点：连接BB'，与跑道线痕交叉成1~6点（其中第1点和B重合）。

● 从1~6点按表中的数字向前量，找出7~12点。

● 通过7~12点各画一条与跑道线痕垂直的线，就是200米各跑道起点线。

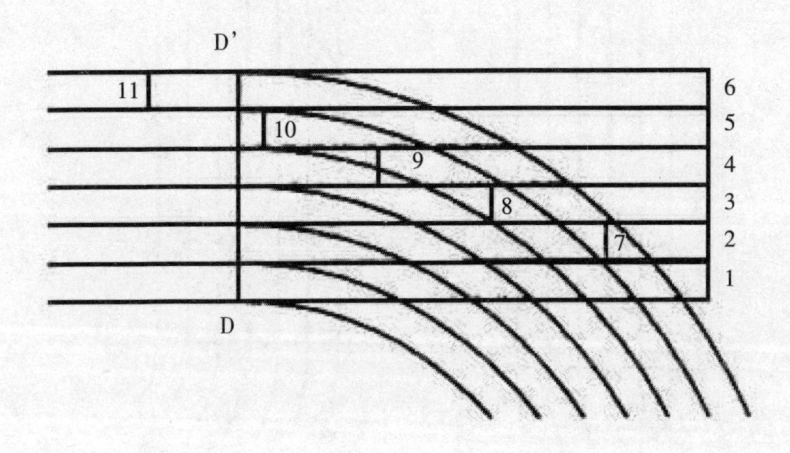

400米起点数值表（单位：米）

1	2→7	3→8	4→9	5→10	6→11
0	5.66	11.94	18.22	24.50	30.79

● 400米起点：400米第一跑道的起点与100米起点相同。

● 用表中的数字，从2~6点分别向前量，得7~11点。

● 通过7~11点各画一条和跑道垂直的线，就是400米各跑道起点线。

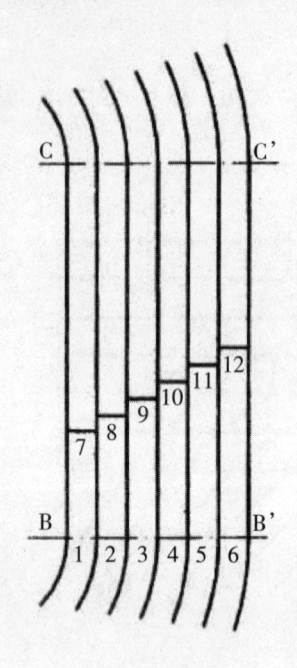

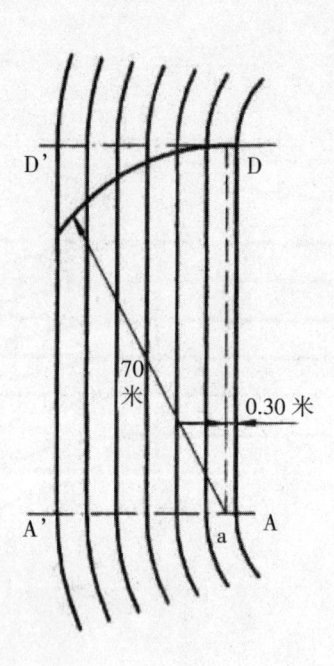

800米起点数值表（单位：米）

1→7	2→8	3→9	4→10	5→11	6→12
20	22.83	26.00	29.17	32.36	35.57

●800米起点：用表中的数字从1~6点向前量，得7~12点。

●通过7~12点各做一条与跑道线痕垂直的线，为800米各跑道的起点线。

●800米抢道线：以a点为圆心，以70米为半径向D点方向画弧线就是800米抢道线。

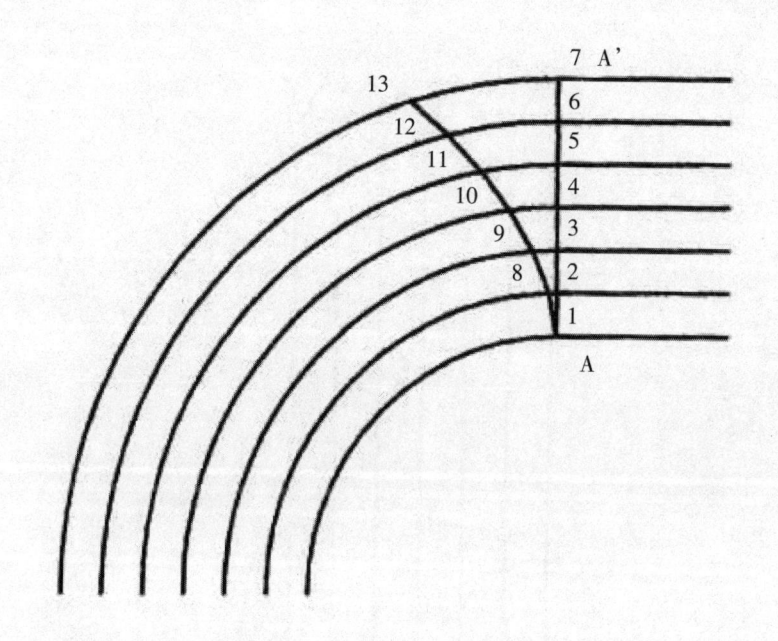

1500米、3000米起点数值表（单位：米）

2→8	3→9	4→10	5→11	6→12	7→13
0.16	0.51	0.97	1.55	2.23	2.98

●1500米、3000米起点：AA'与各跑道线痕交叉成2~7点。

●以第2点为圆心，以0.16米以半径画弧线和跑道线相交成第8点。用同样的方法，用表中的数字，找出图中的第9~13点。

●把A和9~13点连成一条曲线就是1500米、3000米起点线。

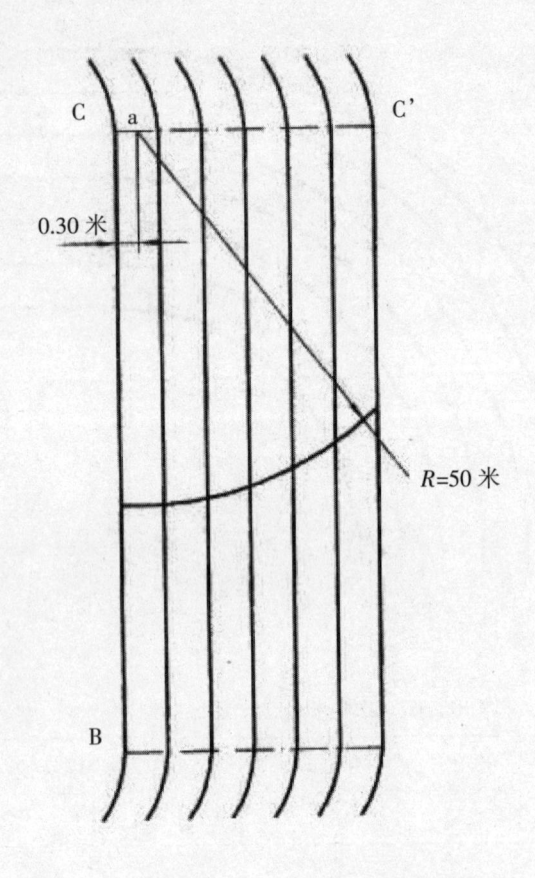

●5000米、10000米起点：以 a 点为圆心，以 50 米为半径，向 B 点方向画弧线就是 5000 米、10000 米起点线。

田径场

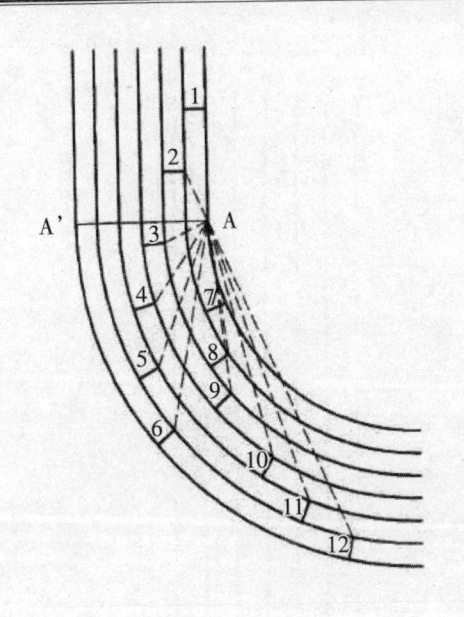

4×100米第一接力区数值表（单位：米）

A1	A2	A3	A4	A5	A6
10	4.55	2.73	8.25	13.84	19.16
A7	A8	A9	A10	A11	A12
9.82	15.05	18.57	25.58	30.30	34.65

● 4×100米起点同400米。

● 第一接力区：以A点为圆心，用表中的数字为半径画弧线，与各条跑道线交叉成A1~A12点。

● 通过十二个点各做一条与跑道线痕垂直的线，每条跑道的两条线之间为20米，就是各跑道的第一接力区。

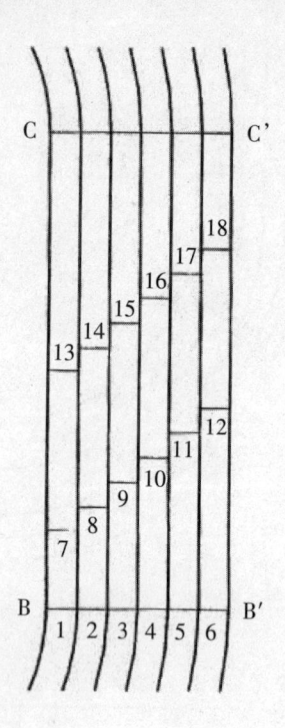

4×100米接力第二接力区数值表（单位：米）

1→7→13	2→8→14	3→9→15	4→10→16	5→11→17	6→12→18
10→30	12.84→32.87	15.98→35.98	19.13→39.13	22.27→42.27	25.41→45.41

● 4×100米接力第二接力区：连接BB'，与跑道线交叉成1~6点。按表中的长度，用以上六个点做基点向前量，找出图中的7~18点。

● 通过这十二个点各做一条与跑道线痕垂直的线，每条跑道的两条线之间为20米，就是各道的第二接力区。

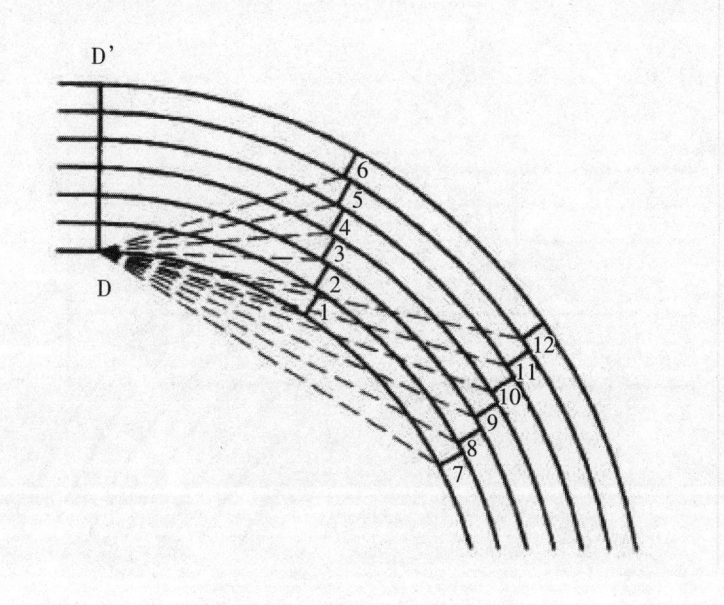

4×100 米接力第三接力区数值表（单位：米）

D1	D2	D3	D4	D5	D6
19.26	19.03	18.74	18.63	18.53	18.51
D7	D8	D9	D10	D11	D12
35.59	35.32	34.96	34.64	34.35	34.09

●4×100 米接力第三接力区：以 D 点为圆心，用表中的数值为半径画弧线与跑道线交叉成 D1~D12 点。

●通过十二个点各做一条与跑道线痕垂直的线，每条跑道的两条线之间为 20 米，就是各条跑道的第三接力区。

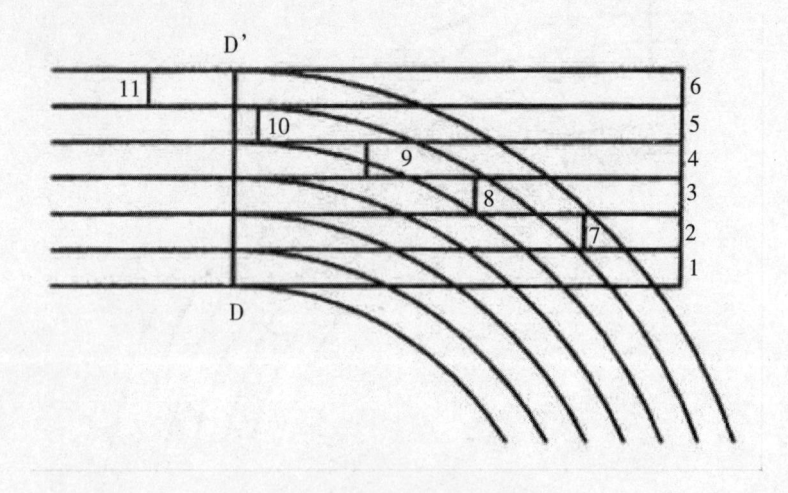

4×400米接力起点各道数据表（单位：米）

2→7	3→8	4→9	5→10	6→11
5.66	11.96	18.28	24.61	30.96

●4×400米接力起点：4×400米第一跑道的起点和400米起点重合，用表中的数字从2~6点向前量，得7~11点。

●通过7~11点各做一条与跑道线痕垂直的线，为4×400米接力各跑道的起点线。

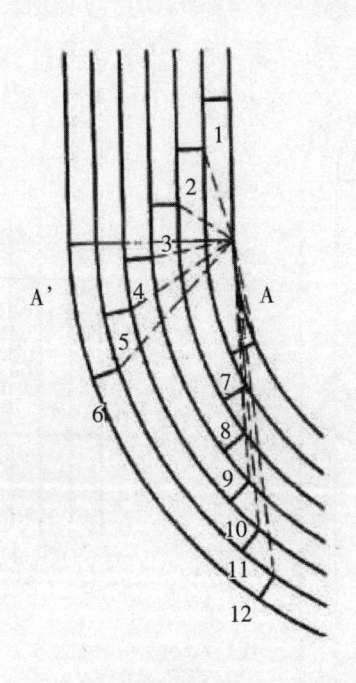

4×400米第一接力区数值表（单位：米）

A1	A2	A3	A4	A5	A6
10	6.55	3.29	3.23	6.21	9.90
A7	A8	A9	A10	A11	A12
9.82	13.06	16.46	19.72	22.86	25.87

● 4×400 米接力第一接力区：以 A 点为圆心，以表中的数值为半径画弧与跑道线交叉成十二个点（其中一道的点与 A 重合）。

● 通过这十二个点分别画一条与跑道线痕垂直的线，每条跑道的两条线之间就是各道的第一接力区。

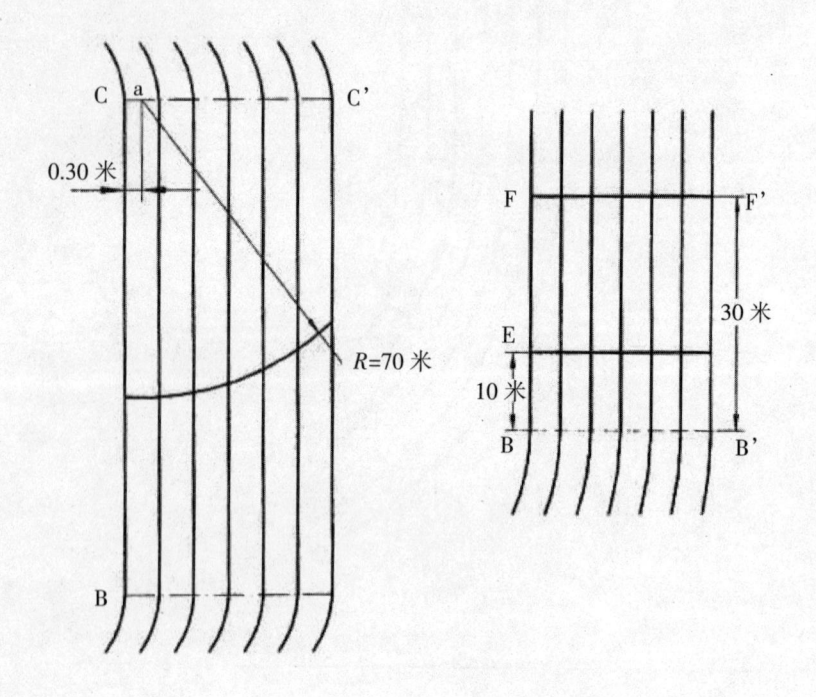

● 4×400 米接力抢道线：以 C 点外 30 厘米处的 a 点为圆心，以 70 米为半径，向 B 点方向画弧线就是 4×400 米接力抢道线。

● 4×400 米接力第二接力区：BE=10 米，BF=30 米。

● 通过 E、F 各画一条与跑道线痕垂直的直线，两条线之间为 20 米，就是第二接力区。

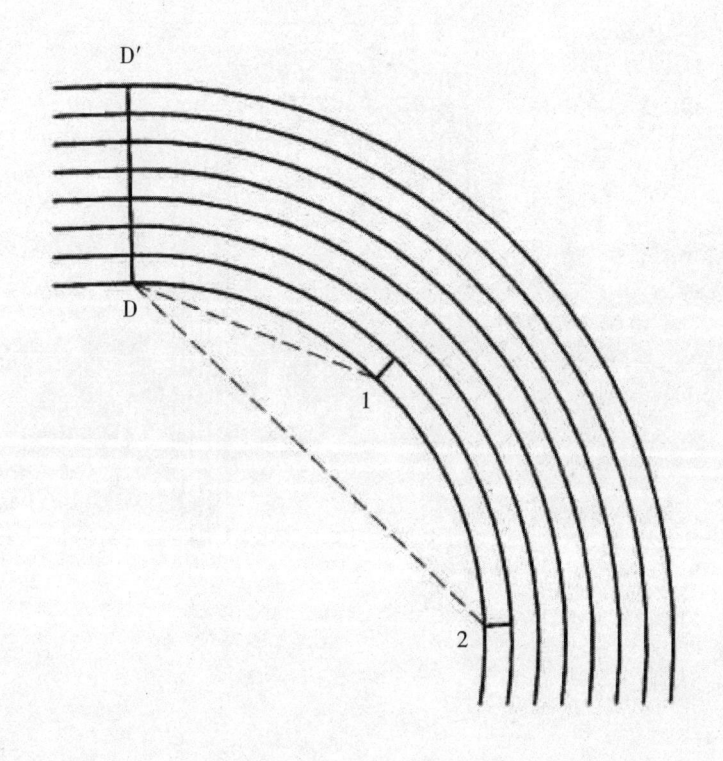

● 4×400 米接力第三接力区：以 D 为圆心，分别以 19.26 米、35.59 米为半径画弧线与跑道线交叉成两个点。

● 在 1、2 点上各画一条直线与第一跑道线垂直，两条线之间为 20 米，就是 4×400 第三接力区。

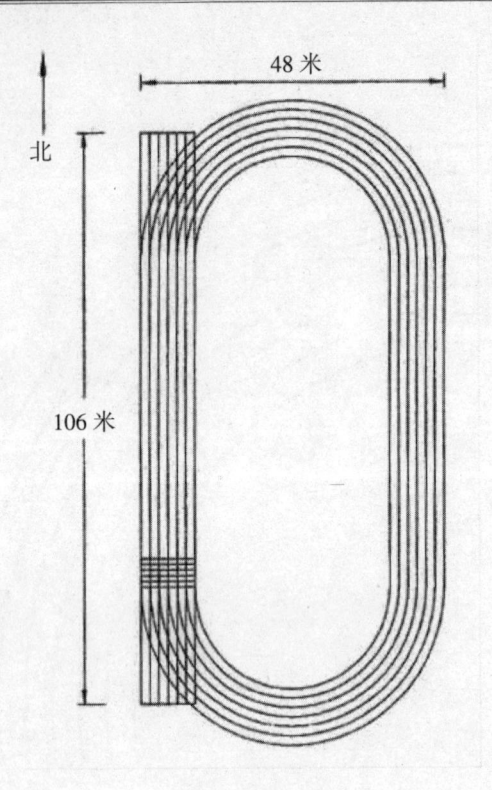

200 米跑道

必备条件

- ●需要至少 106 米×48 米的空地，弯道半径是 18 米，每条跑道宽 1 米。
- ●土质场表面应平坦。
- ●建议将田径场建成南北向。
- ●为符合规则要求和保障安全，建议购买合格的田径器材。
- ●实线画法同 400 米跑道。

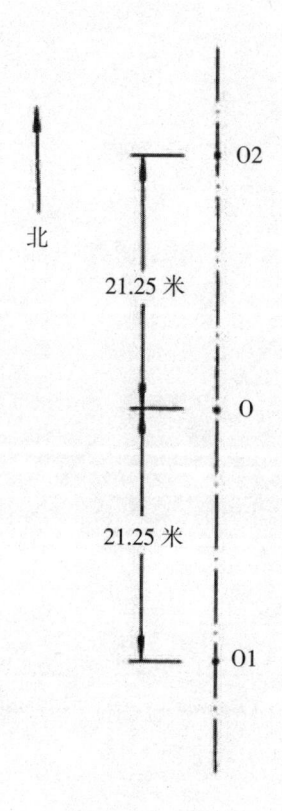

画线痕

● 纵轴线：在空地的较长（最好是南北）方向居中拉一条长绳，用钉子固定，就是纵轴线。

● 确定纵轴线的中心为 O 点。

● 从 O 点分别向纵轴线的两边量 21.25 米，为 O1 和 O2，在 O、O1、O2 点钉上木桩做标记。

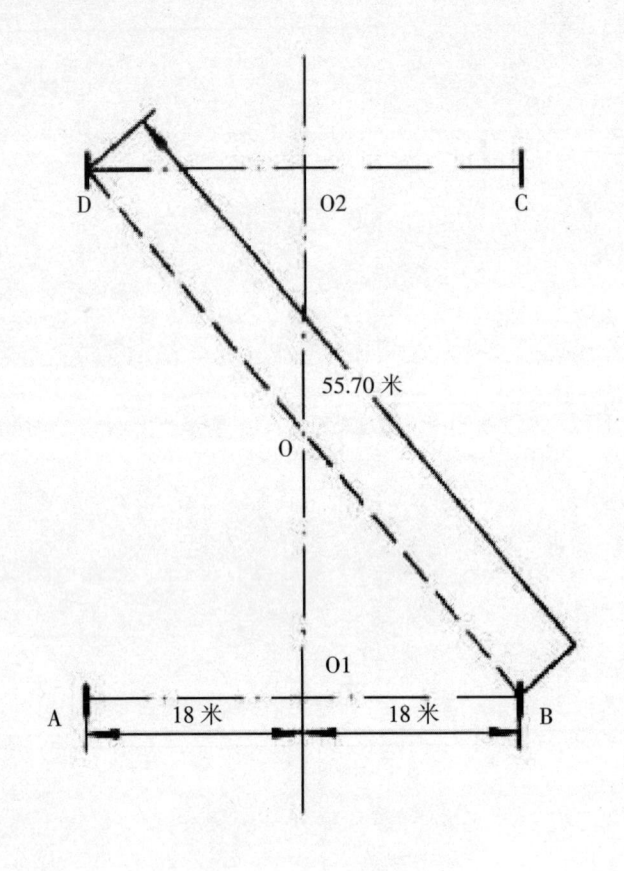

●通过 O1 拉一条长绳与纵轴线垂直。

●从 O1 在垂直线上向两边各量 18 米,得 A、B 两点;用同样的方法通过 O2 找到 C、D 两点。

●A、B、C、D 是跑道的基准点,钉上木桩做标记。

●检验方法:量对角线,AC=BD=55.70 米。

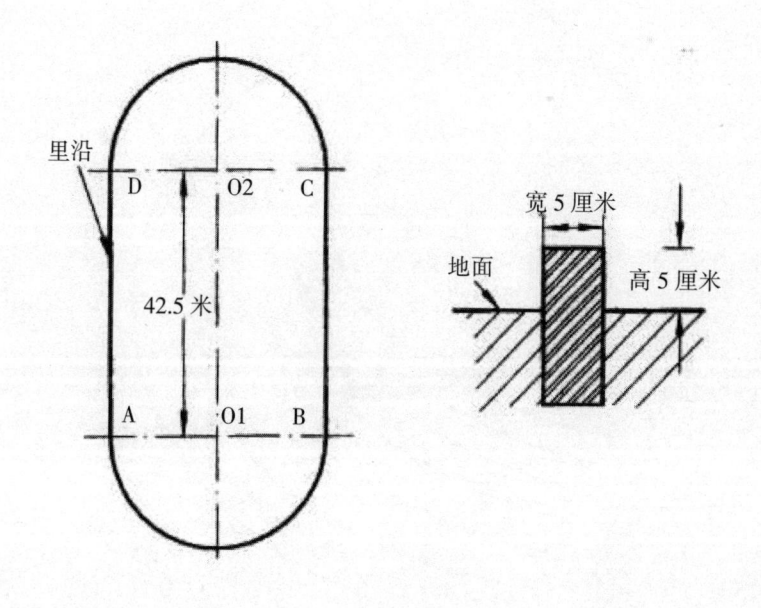

●分别以 O1、O2 为圆心，以 18 米为半径，向外画两个半圆。

●连接基点 AD、BC，就形成场地的里沿。

●田径场里沿一般要做成高 5 厘米、宽 5 厘米的沿，可以用木条、砖块或水泥砌成，业余比赛和教学用场地可省略。

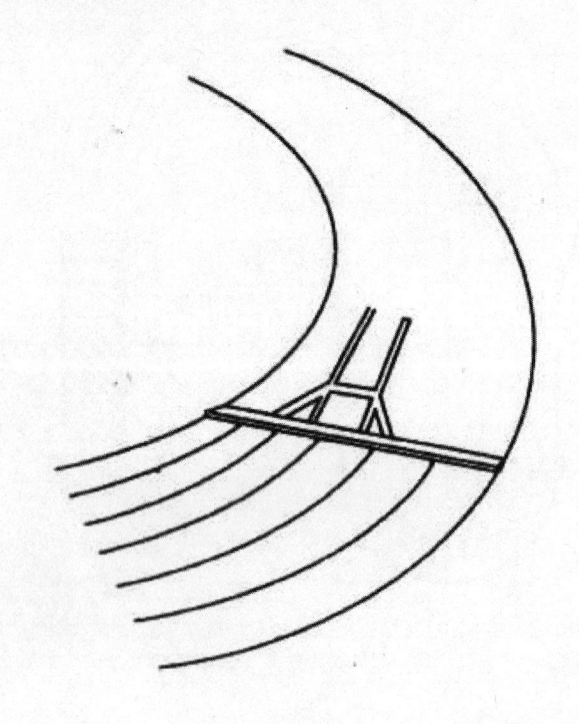

● 拖钉耙：用一种特制的"钉耙"来画跑道线痕。横梁上钉子间隔 1 米，钉子的数量视跑道数量而定，如 6 条跑道用 7 颗钉子、8 条跑道用 9 颗钉子。画线痕时注意将钉耙内端和跑道的里沿靠紧，横梁和跑道里沿垂直。拉着走一圈，在地面上形成跑道线痕。

田 径 场

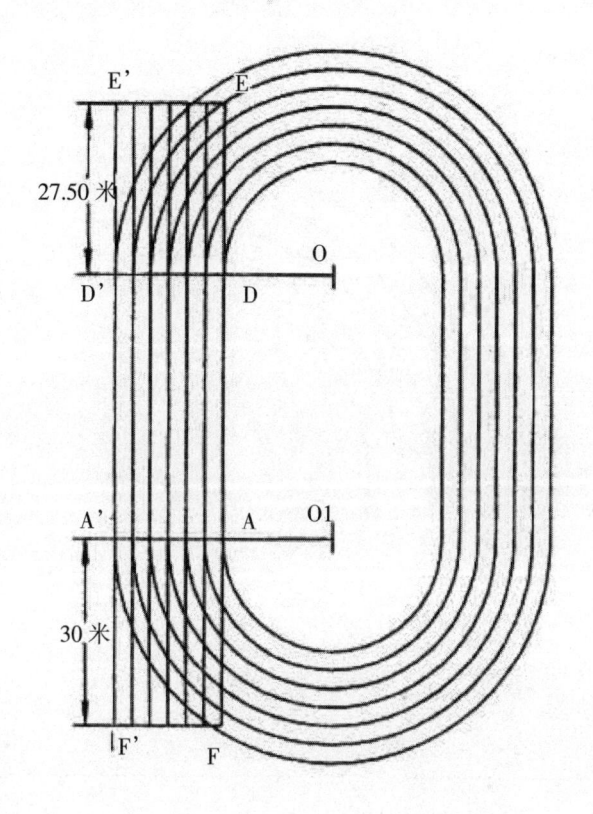

●终点：延长 O1A，并和最外面的跑道线痕交叉成 A'，连接 AA' 就是田径场的终点线（100 米除外）。

●100 米起点：延长 AD 至 E，DE=D'E'=27.05 米，连接 EE' 就是 100 米起点线。

●100 米终点：延长 DA 至 F，AF=A'F'=30 米，连接 FF' 就是 100 米的终点线。

●拖钉耙补齐 100 米跑道线。

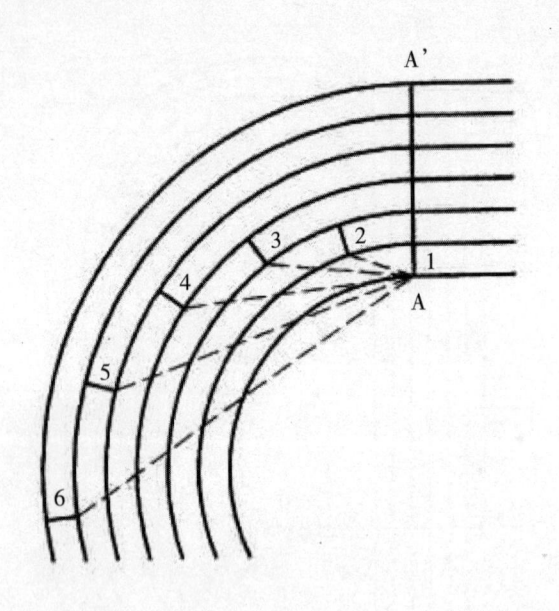

200 米起点数值表（单位：米）

A1	A2	A3	A4	A5	A6
0	5.66	11.94	18.22	24.50	30.79

●200 米起点：以 A 点为圆心，以表中数值为半径画弧线与跑道线交叉成 A1~A6 点（其中 A1 与 A 重合）。

●通过六个点各做一条直线与跑道线痕垂直，就是 200 米各道起点线。

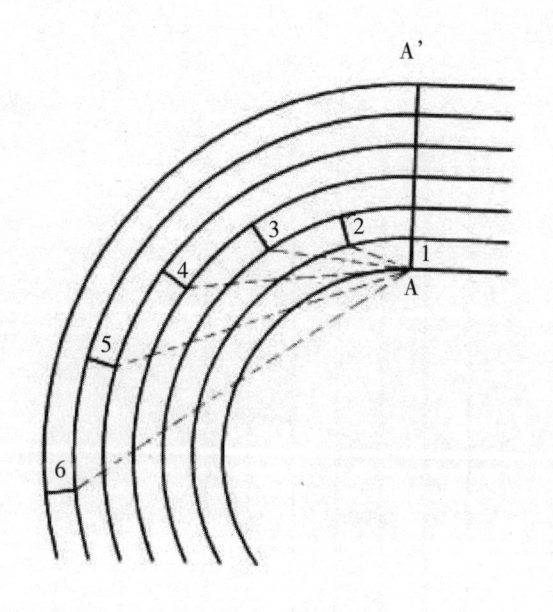

400米起点数值表（单位：米）

A1	A2	A3	A4	A5	A6
0	5.67	11.98	18.32	24.68	31.07

●400米起点：以 A 点为圆心，以表中数值为半径画弧线与跑道线交叉成 A1~A6 点（其中 A1 与 A 重合）。

●通过六个点各做一条直线与跑道线痕垂直，就是 400 米各道起点线。

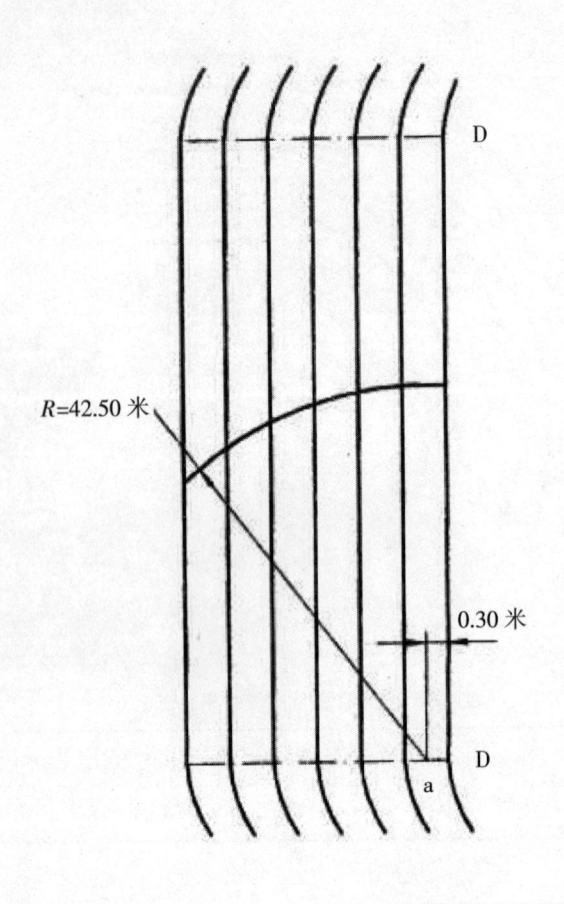

●400米抢道线：以 a 点为圆心，以 42.50 米为半径向 D 点方向画弧，就是 400 米抢道线。

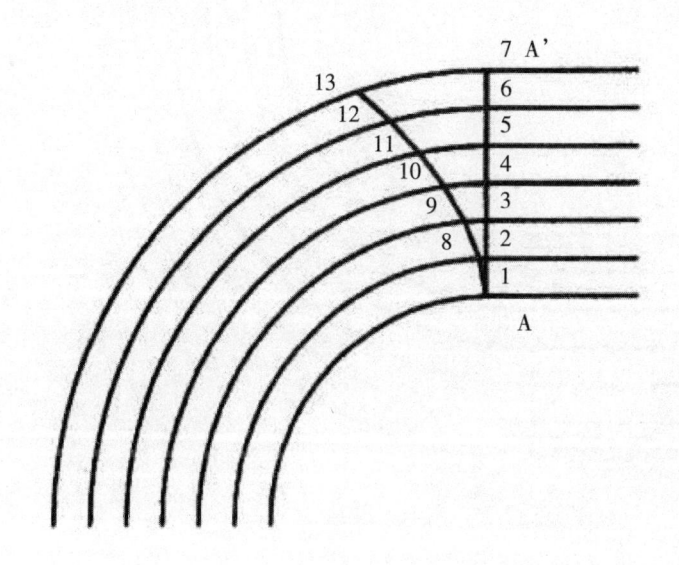

800米、3000米、5000米、10000米起点数值表（单位：米）

2→8	3→9	4→10	5→11	6→12	7→13
0.19	0.60	1.17	1.87	2.70	3.64

● 800米、3000米、5000米、10000米起点：连接AA'，与跑道线交叉成图中的2~7点。

● 以第2点为圆心，0.19米为半径画弧与跑道线交叉得图中的第8点。用同样的方法，用表中的数字，得9~13点。

● 把A和8~13点连成一条曲线就是800米、3000米、5000米、10000米起点线。

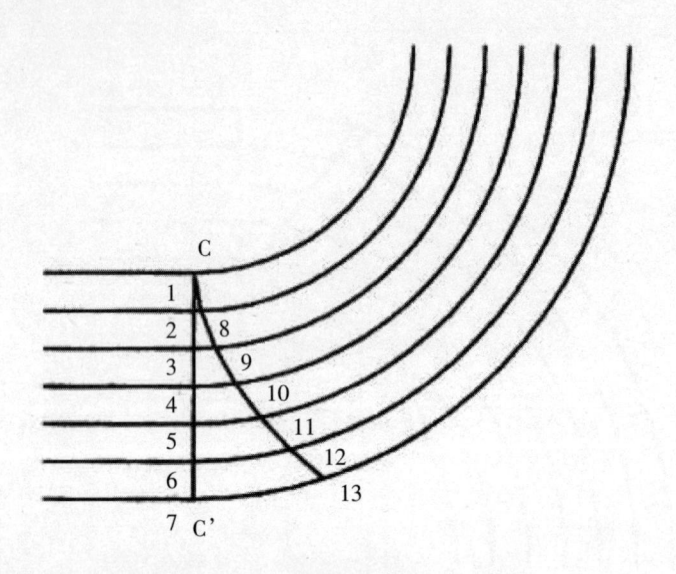

1500米起点数值表（单位：米）

2→8	3→9	4→10	5→11	6→12	7→13
0.16	0.60	1.17	1.87	2.70	3.64

●1500米起点：连接CC'，与跑道线交叉成图中的2~7点。以第2点为圆心，以0.16米为半径画弧线与跑道线交叉得图中的第8点；用同样的方法，以表中的数字找出图中的第9~13点。

●连接C和8~13点成一条曲线就是1500米起点线。

田径场

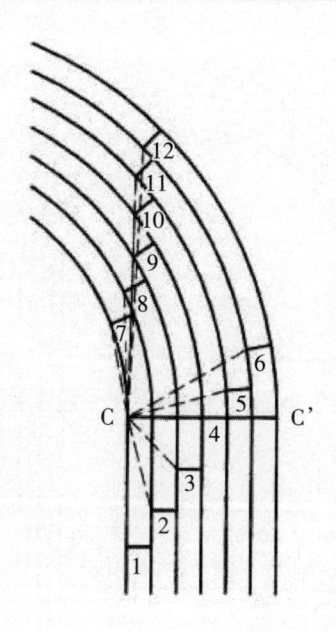

4×100米第一接力区数值表（单位：米）

C1	C2	C3	C4	C5	C6
10	7.22	4.42	3	4.55	7.11
C7	C8	C9	C10	C11	C12
9.71	12.18	14.78	17.92	20.48	22.04

- 4×100米起点同400米起点。
- 第一接力区：以C为圆心，以表中数字为半径画弧，与跑道线交叉成C1~C12点。
- 通过这十二点各画一条直线与跑道线痕垂直。每条跑道的两条线之间为20米，就是各条跑道的第一接力区。

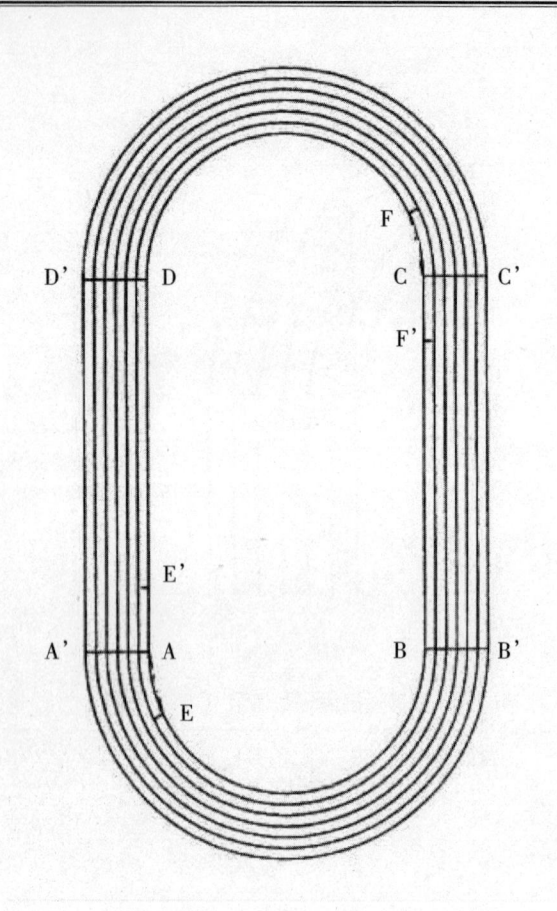

- 4×100米接力第二、三接力区：以A为圆心，以9.71米为半径画弧，与跑道线交叉成E点，AE'=10米。
- 用同样的数值和方法通过C点找出F和F'。
- 通过EE'、FF'各画一条直线与跑道线痕垂直，两条线之间为20米，就是第二、第三接力区。
- 4×100米接力抢道线同400米抢道线。

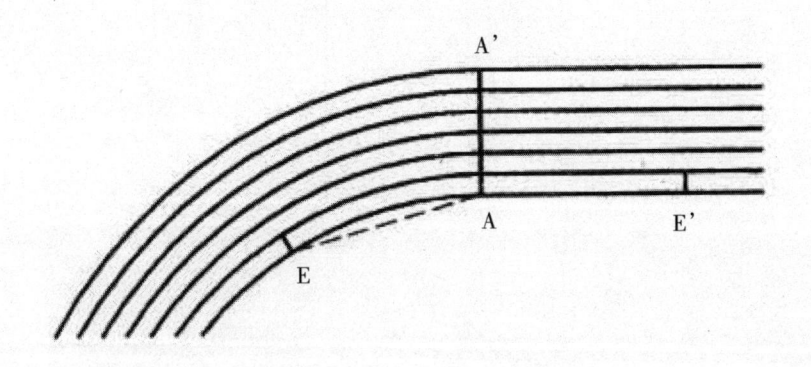

- 4×400 米接力起点同 400 米起点。
- 4×400 米各接力区在同一位置：以 A 为圆心，以 9.71 米为半径画弧，与跑道线交叉成 E 点，AE'=10 米。
- 通过 E 和 E' 各画一条直线与跑道线痕垂直，两条线之间为 20 米，就是 4×400 米接力区。
- 4×400 米接力抢道线同 400 米抢道线。

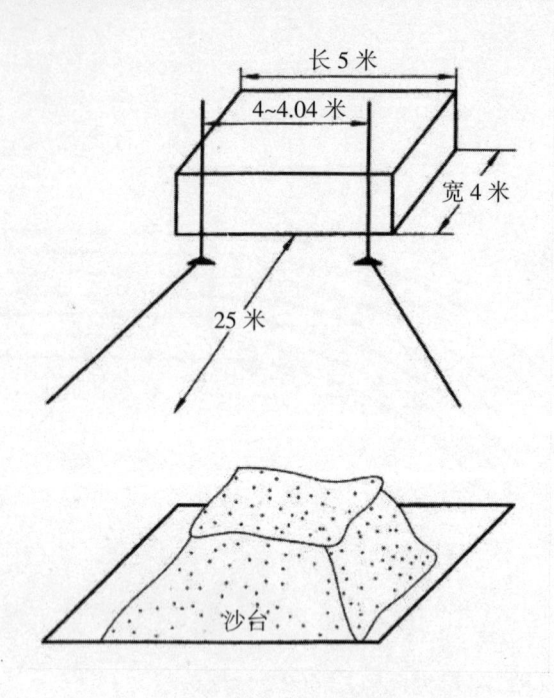

跳高场地

必备条件

● 跳高场地一般放在田径场一个半圆内的空地上,也可根据场地的实际情况选择。

● 海绵包长 5 米、宽 4 米,厚度要保证安全。

● 没有海绵包,可以用沙台代替。

● 整个助跑的范围是一个扇形,助跑道的直线长度要大于 15 米,如果有足够的地方,可以到 25 米左右。

● 两个跳高架子之间的长度是 4~4.04 米。

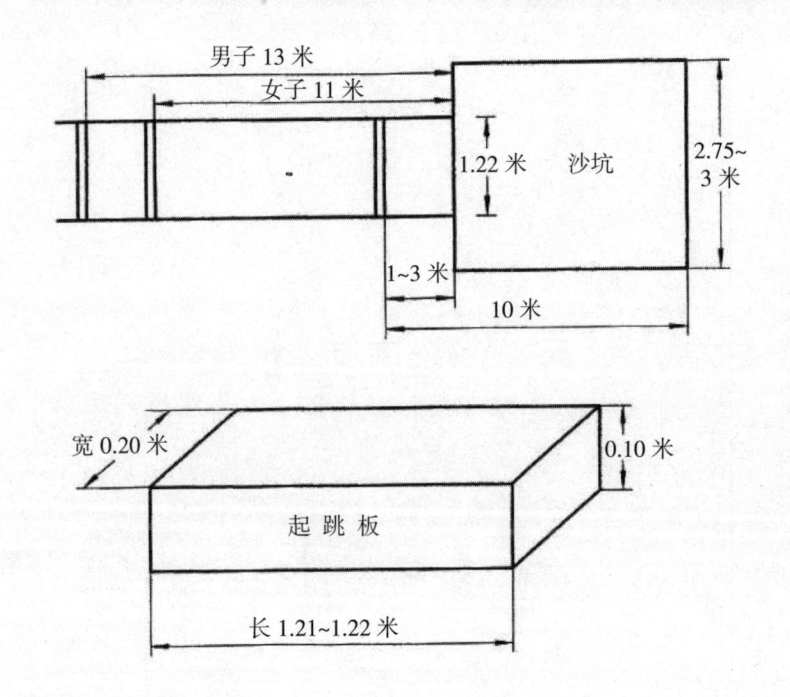

跳远、三级跳远场地

必备条件

●沙坑宽 2.75~3 米，跳远起跳板到沙坑远端最少 10 米，起跳板到沙坑近端 1~3 米；三级跳远起跳板到沙坑远端最少 21 米，起跳板到沙坑近端男子不少于 13 米，女子不少于 11 米；业余训练和比赛可视具体情况确定起跳板与沙坑的距离。

●助跑道长至少 40 米，跑道线宽 5 厘米。

●起跳板长 1.21~1.22 米、宽 0.20 米、厚 0.10 米，埋在地下，表面与地面平行。

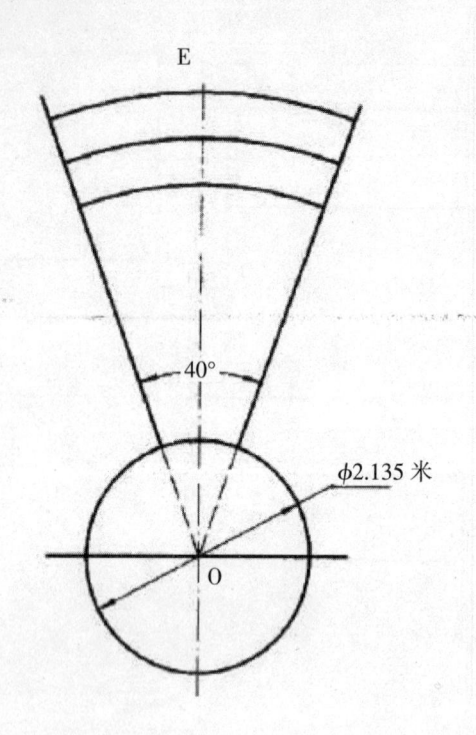

铅球场地

必备条件

● 铅球场地一般都建在田径场一个半圆内的空地上，也可根据场地的实际情况选择。

● 铅球圈直径 2.135 米，投掷区夹角为 40°，边线宽 5 厘米；抵趾板宽度为 11.20~30 厘米，内沿弧长 1.22 米，高出圈内地面 10 厘米；圈内地面低于圈外地面 2 厘米。

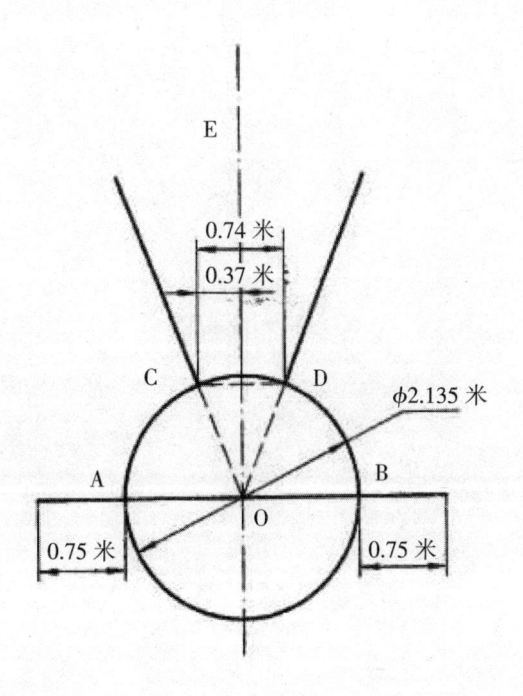

画线痕

● 在空地上拉一条直线 OE；以 O 为圆心，以 1.0675 米为半径画一个圆。

● 用一条 74 厘米的木尺与纵轴线垂直并等分，相交于 OE 之间的圆弧上，得 C、D 两点。

● 连接 OC、OD 并延长，两条线之间就是铅球落地区。

● 通过 O 点画一条通过直径与 OE 垂直、和圆相交的直线得 A、B 点，延长 OA、OB 到圆外，形成 75 厘米的短线，就是犯规线。

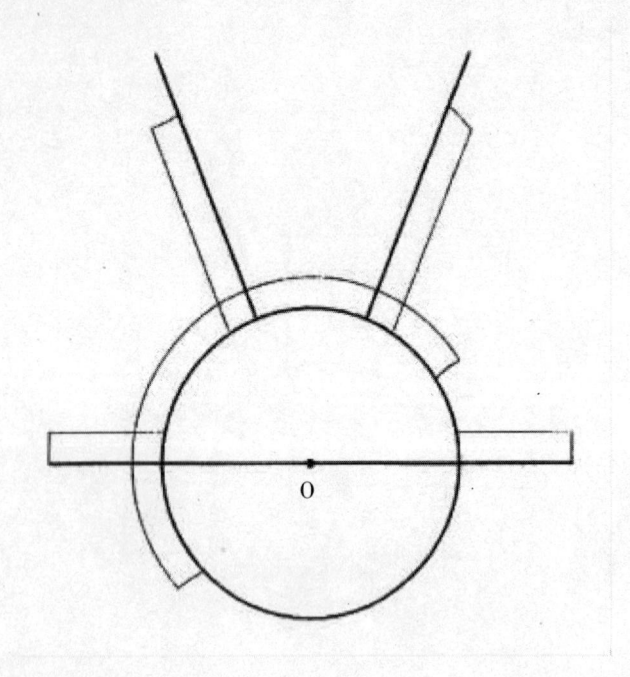

画实线（5厘米宽）

- ●投掷圈：沿线痕画在弧外侧。
- ●落地区：沿线痕画在区外侧。
- ●犯规线：沿线痕画在前侧。

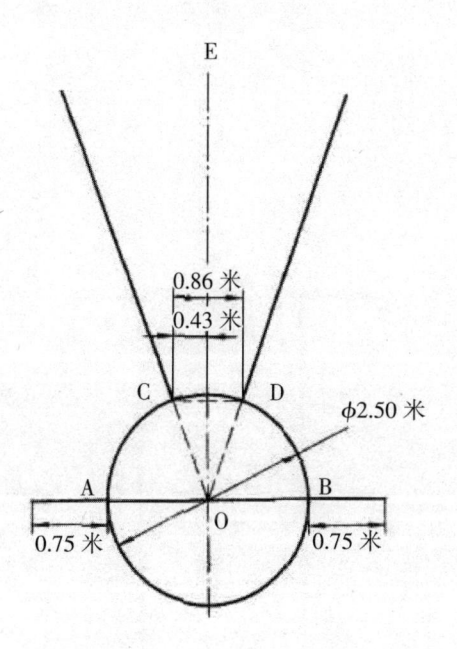

铁饼场地

必备条件

●铁饼投掷圈一般建在田径场半圆内的空地上,铁饼落地区在田径场内。也可根据场地的实际情况选择。

●铁饼投掷圈直径 2.50 米,落地区夹角为 40°;圈内地面低于圈外地面 2 厘米;铁饼护笼应找专业的器材厂商制作安装,以保证安全。

●画法同铅球场地,只是投掷圈的半径为 1.25 米,C、D 点之间的距离为 86 厘米。

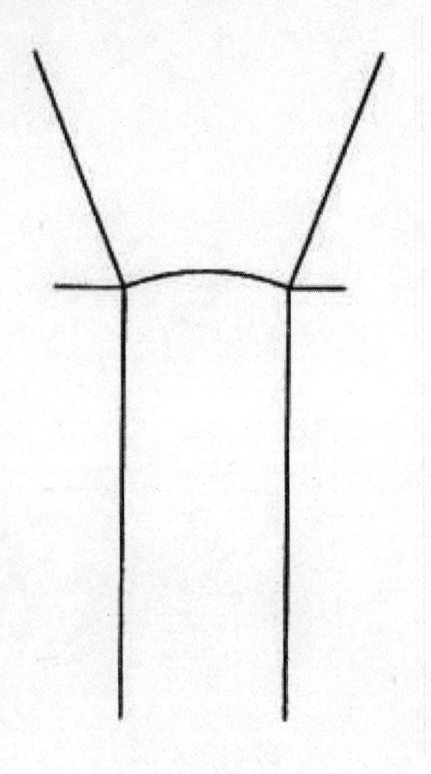

标枪场地

必备条件

●标枪场地一般建在田径场半圆内的空地上，助跑道和投掷区的纵轴线与田径场的纵轴线重合，也可根据场地的实际情况选择。

●助跑道长 30~36.5 米，宽 4 米，落地区角度为 29°。

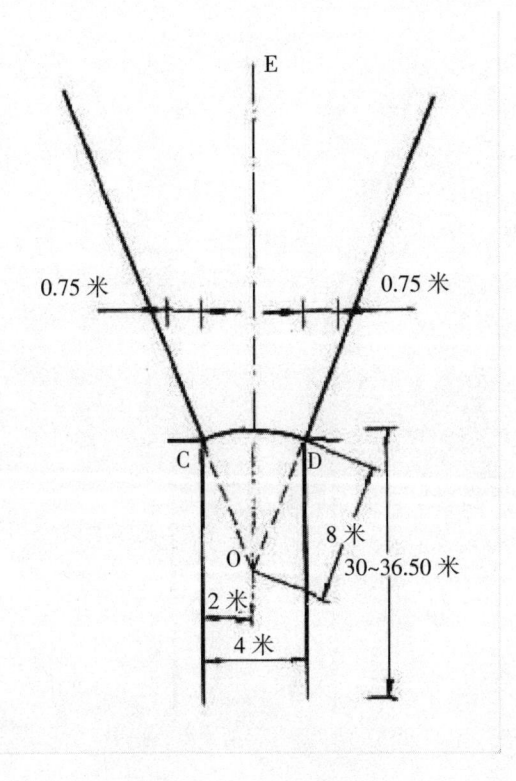

画线痕

● 以田径场纵轴线作中心线，在两侧画两条平行线，与中心线的距离是 2 米，为助跑道线。

● 在中心线上找一点 O，以 O 为圆心，以 8 米为半径画弧与助跑道线交叉成 C、D 点，连接 OC、OD 并延长就是落地区的边线。

● 通过 C、D 各画一条 75 厘米长的线与助跑道线垂直，连上弧线就是投掷线。

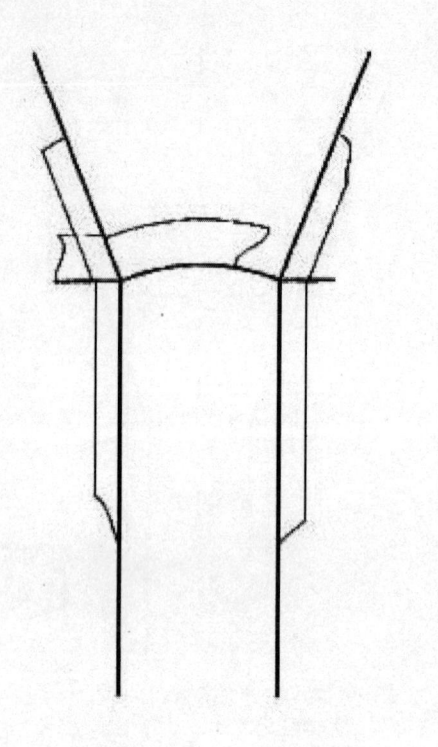

画实线

- 沿投掷线线痕前侧画 7 厘米宽的实线。
- 沿其他线痕的外侧画 5 厘米宽的实线。

冰球场

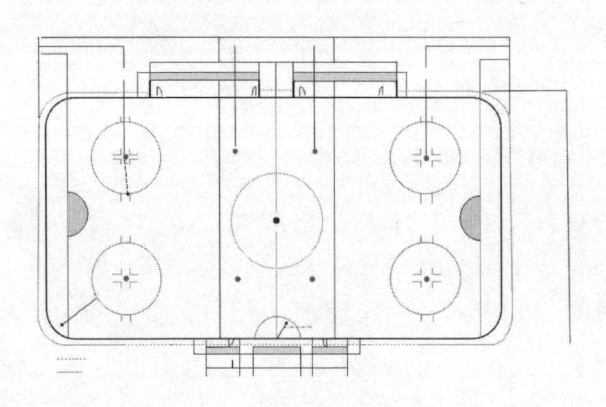

必备条件

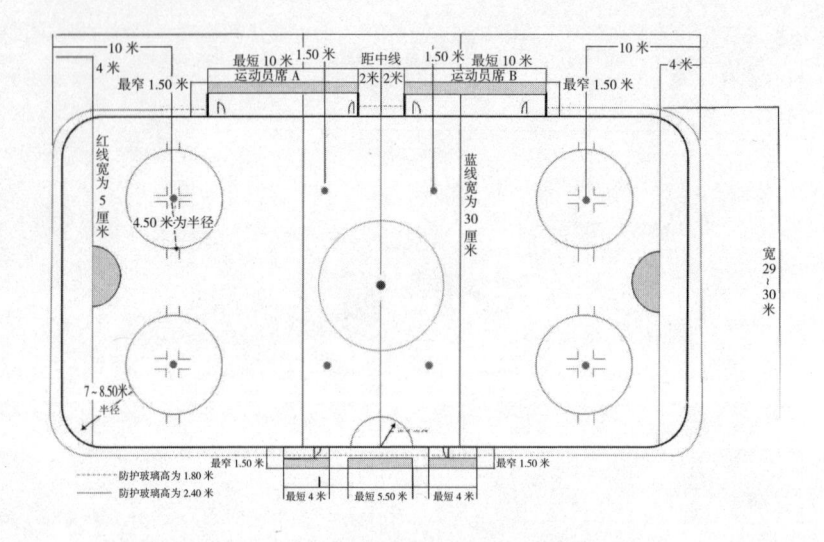

●最大尺寸：长 60 米，宽 30 米。最小尺寸：长 56 米，宽 26 米。场地各角以 7~8.50 米为半径制成圆弧状。

●对于国际冰联主办的比赛，其场地尺寸：长 60 米，宽 30 米。

●冰上的分界线和标记：冰面的长度被冰上 5 条线进行了划分，这 5 条线横贯整个冰场并垂直延伸到界墙上。

●界墙：场地要用塑料制的墙围起来，颜色应为白色，其高度从冰面上算起为 1.07 米。界墙面向冰面的一面应是平滑的，不得有任何能使运动员受伤的障碍物，所有保护装置和固定界墙的支架都应安装在界墙离开冰面的一侧,界墙每块板之间的缝隙应小于 3 毫米。

● 防踢板:界墙下部黄色的防踢板,从冰面起 15~25 厘米。

● 界墙门:所有通向冰面的门必须向外开,门与界墙之间的缝隙应小于 5 毫米。

● 运动员席:两队的运动员应该在冰场的同侧,应安置在紧靠冰面的地方,在受罚席的对面,两运动员席之间应有适当的距离或用其他设施隔开,并且位于方便去更衣室的地方。

● 每队的运动员席都从距中线 2 米处开始,运动员席长 10 米,宽 1.50 米。

● 受罚席:受罚席的位置位于记录席两侧、运动员席的对面,每个受罚席必须是相同尺寸和质量。

● 记录席:记录席位于两个受罚席之间,长度 5.50 米,宽度最小 1.50 米。

高 2.40 米

高 1.80 米

高 1.07 米

15~25 厘米

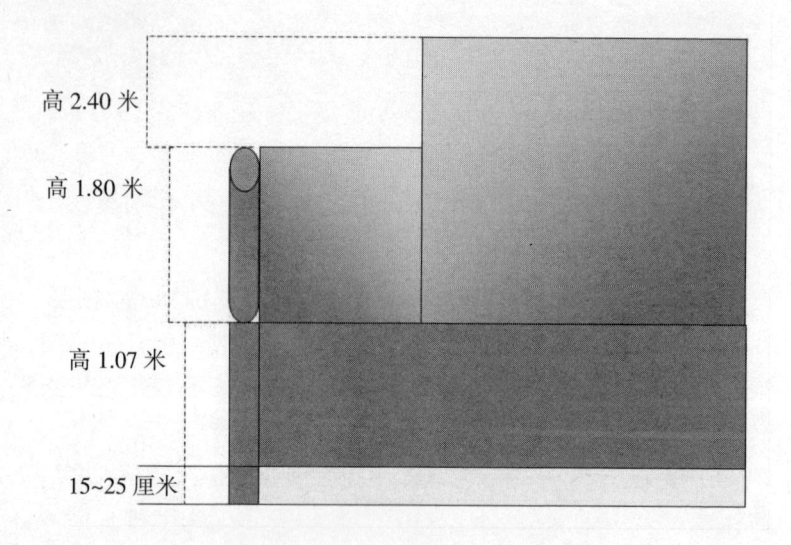

●防护玻璃：位于界墙上的防护玻璃在场地端面应为高2.40米，长度应从球门线向中区延伸4米。防护玻璃厚度为12~15毫米，场地侧面的界墙上防护玻璃不低于1.80米，运动员席前面除外。防护玻璃块与块之间的缝隙应小到5毫米，中断处应装防护垫，预防运动员受伤，玻璃上不得有开放处。

●端区防护网：在端区界墙和防护玻璃上必须悬挂防护网。

●底线（死球线）：在距冰场两端 4 米处各画一条 5 厘米宽的红线。

●蓝线：两条球门线之间的冰面被两条 30 厘米宽蓝色的线划分成相等的三个区域，蓝线应延长至防踢板及界墙上。

●中线：位于冰场中间的一条 30 厘米宽的红线。

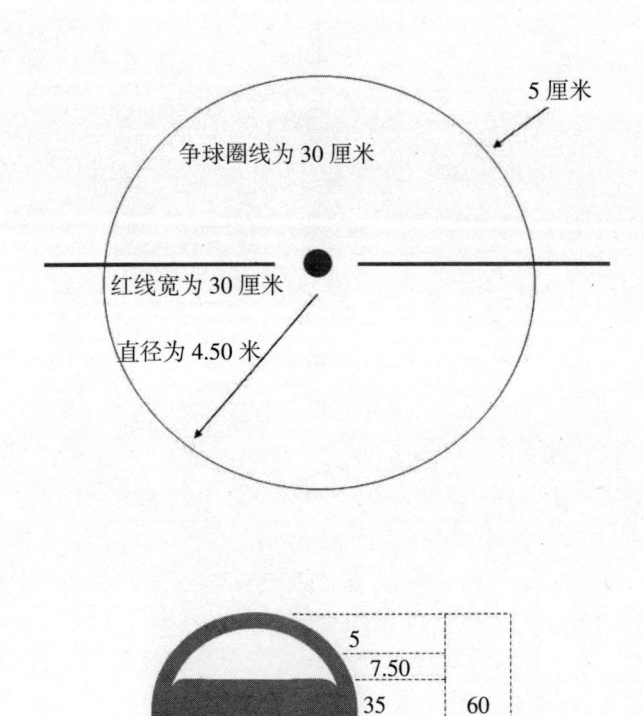

争球圈线为 30 厘米

5 厘米

红线宽为 30 厘米

直径为 4.50 米

5
7.50
35
60

体育场地简易测画法

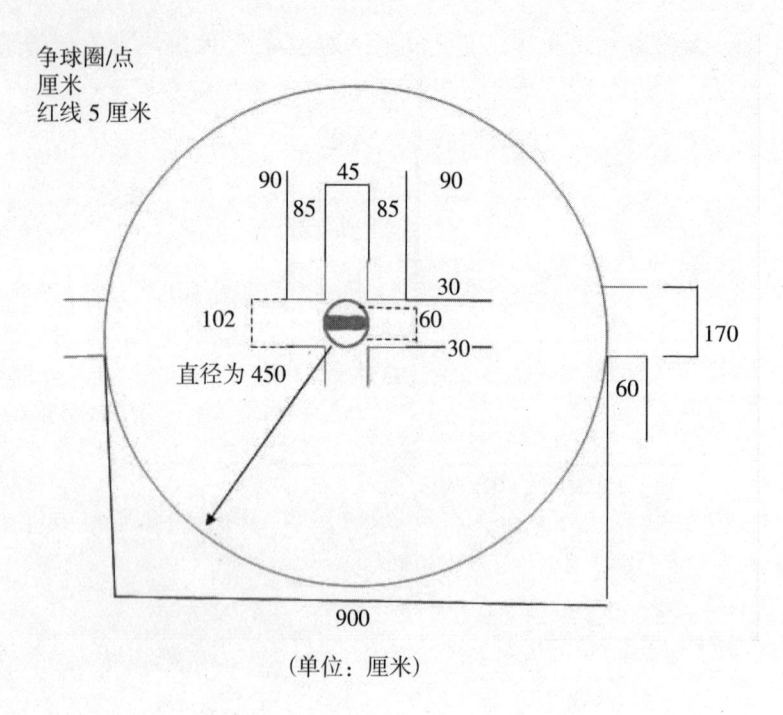

争球圈/点
厘米
红线 5 厘米

（单位：厘米）

● 端区争球点和争球圈：争球点直径为 60 厘米，以争球点的中心为圆心，以 4.50 米为半径，用 5 厘米宽的红线画一个争球圈。

裁判区

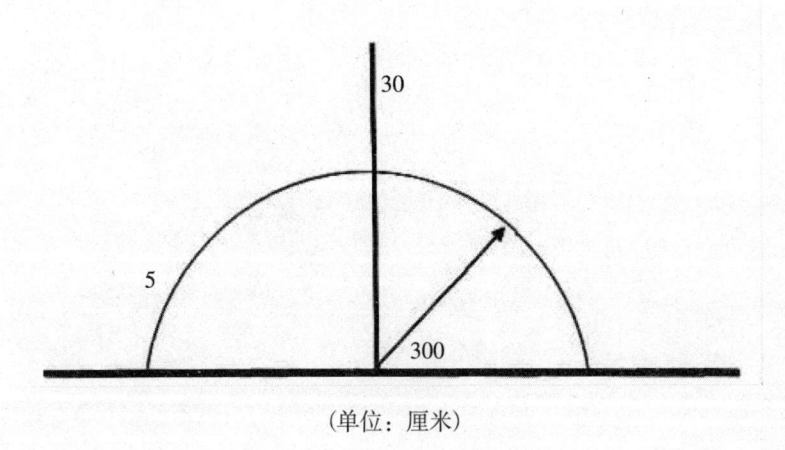

30

5

300

(单位：厘米)

●裁判区：裁判区位于记录席前面冰面上，以3米为半径，用5厘米宽的红线画一个半圆。

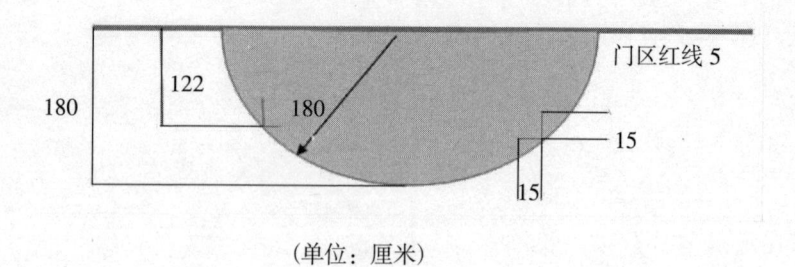

```
        ┌─────────────────────────────────┐ 门区红线 5
   180 │  122    180 ↘                  │
        │                              15 │
        │                         15      │
        └─────────────────────────────────┘
```

(单位：厘米)

●球门区：在每个球门前，用 5 厘米宽的红线画一个球门区，球门区内为浅蓝色，以球门线的中心点为圆心，以 180 厘米为半径，用 5 厘米宽的红线在球门前画成半圆，此外，在冰面上，以 15 厘米的长度宽 5 厘米（两线都是）画出"L"形标记画于半圆内的两个前角。

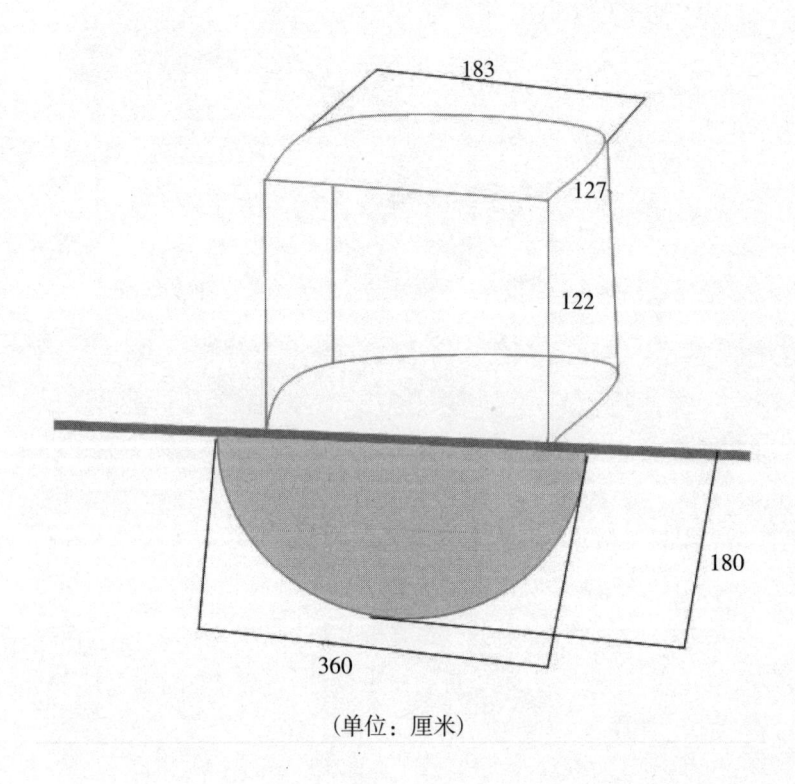

```
           183
          127
          122
          180
          360
```

（单位：厘米）

●球门：球门柱垂直高度从冰面往上算起 1.22 米，两球门柱之前距离 1.83 米（以内侧测量为准）连结在球门柱上的横梁外径为 5 厘米的材料制成。球门还包括一个支撑球网的支架，支架最深处不得超过 1.12 米，且不小于 0.60 米。

图书在版编目(CIP)数据

体育场地简易测画法 / 练碧贞主编. – 北京：人民体育出版社，2017
ISBN 978-7-5009-4987-9

Ⅰ.①体… Ⅱ.①练… Ⅲ.①场地（体育）-设计 Ⅳ.①G818.1

中国版本图书馆 CIP 数据核字（2016）第 129803 号

*

人民体育出版社出版发行
三河兴达印务有限公司印刷
新 华 书 店 经 销

*

850×1168　32 开本　 7.5 印张　180 千字
2017 年 3 月第 1 版　2017 年 3 月第 1 次印刷
印数：1—5,000 册

*

ISBN 978-7-5009-4987-9
定价：26.00 元

社址：北京市东城区体育馆路 8 号（天坛公园东门）
电话：67151482（发行部）　　　邮编：100061
传真：67151483　　　　　　　　邮购：67118491
网址：www.sportspublish.com

（购买本社图书，如遇有缺损页可与邮购部联系）